最新法律文件解读丛书

行政与执行
法律文件解读

XINGZHENG YU ZHIXING FALÜ WENJIAN JIEDU

人民法院出版社　编

总第 240 辑　2024.12

人民法院出版社

图书在版编目（CIP）数据

行政与执行法律文件解读. 总第240辑 / 人民法院出版社编. -- 北京 : 人民法院出版社, 2025. 3. -- (最新法律文件解读丛书). -- ISBN 978-7-5109-4242-6

Ⅰ. D922.105

中国国家版本馆CIP数据核字第2025ZA9872号

行政与执行法律文件解读·总第240辑

人民法院出版社　编

责任编辑　丁塞峨
出版发行　人民法院出版社
地　　址　北京市东城区东交民巷27号　邮编　100745
电　　话　(010)67550656(责任编辑)　67550558(发行部查询)
　　　　　　65223677(读者服务部)
客服QQ　2092078039
网　　址　http://www.courtbook.com.cn
E - mail　courtbook@sina.com
印　　刷　三河市国英印务有限公司
经　　销　新华书店
开　　本　787毫米×1092毫米　1/16
字　　数　115千字
印　　张　8
版　　次　2025年3月第1版　　2025年3月第1次印刷
书　　号　ISBN 978-7-5109-4242-6
定　　价　28.00元

卷首语

为深入学习贯彻习近平法治思想，全面落实党的二十届三中全会精神，2024 年 12 月，《最高人民检察院关于全面深化检察改革、进一步加强新时代检察工作的意见》（以下简称《意见》）发布。为便于读者准确理解和把握其出台背景、主要考虑、主要特点、主要内容、贯彻落实中需把握的关系，本辑“司法解释、司法指导性文件与解读”栏目重点收录了《意见》及其解读。

当前，我国重点工业产品质量安全形势总体平稳，但市场上一些问题产品来源不明，生产销售单位主体责任落实不到位，制售假冒伪劣产品问题和消费者权益得不到保障等情况时有发生，亟须加强生产、销售到使用环节的全过程质量安全追溯。2024 年 10 月 9 日，国家市场监督管理总局发布了《关于推进重点工业产品质量安全追溯的实施意见》（以下简称《实施意见》），本辑“部门规章、规章性文件与解读”栏目收录了《实施意见》及其解读，方便读者掌握《实施意见》的主要内容、重点任务、重要意义。

本辑“指导案例、典型案例与解读”栏目收录了司法部发布的第五批贯彻实施新修订行政复议法典型案例、陕西省高级人民法院及河南省高级人民法院发布的实质化解行政争议典型案例等，为各级行政机关、法院办理类案提供参考。

最新法律文件解读丛书
编 辑 部

兰丽专 （010）67550626

丁丽娜 （010）67550608

周 敏 （010）67550562

杨 洁 （010）67550562

路建华 （010）67550660

丁塞峨 （010）67550656

投稿邮箱：

《刑事法律文件解读》 xingshijiedu@163.com

《民事法律文件解读》 1216921515@qq.com

《商事法律文件解读》 shangshijiedu@126.com

《行政与执行法律文件解读》 1290312696@qq.com

目录

司法解释、司法指导性文件与解读

部门规章、规章性文件与解读

指导案例、典型案例与解读

行政审判讲堂答疑

新类型疑难案例选评

司法解释、司法指导性文件与解读

最高人民检察院
关于全面深化检察改革、进一步加强新时代检察工作的意见

（2024 年 12 月 4 日）

检察工作是党和国家工作的重要组成部分。为全面深化检察改革、进一步加强新时代检察工作，以检察工作现代化更有力支撑和服务中国式现代化，提出如下意见。

一、总体要求

1. 指导思想。坚持以习近平新时代中国特色社会主义思想为指导，全面贯彻习近平法治思想，深入贯彻党的二十大和二十届二中、三中全会精神，深刻领悟“两个确立”的决定性意义，增强“四个意识”、坚定“四个自信”、做到“两个维护”，深入贯彻《中共中央关于加强新时代检察机关法律监督工作的意见》，以加强检察机关法律监督为主线，以努力让人民群众在每一个司法案件中感受到公平正义为目标，加快推进检察工作理念、体系、机制、能力现代化，锻造忠诚干净担当的新时代检察铁军，为以中国式现代化全面推进强国建设、民族复兴伟业

提供有力法治保障。

2. 基本原则。坚持党的绝对领导，旗帜鲜明走中国特色社会主义法治道路，把党的领导落实到检察工作各方面全过程。坚持以人民为中心，回应人民呼声，维护人民权益，接受人民监督，践行全过程人民民主。坚持把检察工作放到党和国家工作大局中谋划，自觉为大局服务、为人民司法、为法治担当，更好服务保障经济社会高质量发展。坚持检察履职内在统一于法律监督宪法定位，依法履行职能，敢于监督、善于监督、勇于自我监督。坚持系统观念，增强检察改革的系统性、整体性、协同性。坚持守正创新，坚定中国特色社会主义检察制度自信，全面深化和落实司法体制改革，在法治轨道上深化检察改革，推动加快建设公正高效权威的社会主义司法制度。

二、健全坚持党对检察工作绝对领导制度体系

3. 坚持和加强党中央集中统一领导。持续擦亮坚定拥护“两个确立”、坚决做到“两个维护”的鲜明政治底色，切实做到检察工作方向由党指引、检察工作原则由党确定、检察工作决策由党统领。严格落实“第一议题”制度，完善习近平总书记重要指示批示和党中央重大决策部署在检察机关落实机制。严格执行请示报告制度。

4. 持续加强党的创新理论武装。学深悟透习近平新时代中国特色社会主义思想，学思践悟习近平法治思想，健全以学铸魂、以学增智、以学正风、以学促干长效机制。加强理想信念教育和职业道德教育，分级分类开展检察人员政治轮训。

5. 完善检察机关党的建设制度机制。坚持以政治建设为统领，增强检察机关各级党组织政治功能和组织功能。做深做实政治素质考察，深化检察系统内巡视和政治督察。完善检察机关党员教育管理、作用发挥机制，推进党建和业务深度融合。加强新时代检察文化建设，培育“忠诚、为民、担当、公正、廉洁”的新时代检察精神，优化检察英模

人物选树学习机制，让求真务实、担当实干成为检察人员的鲜明履职特征。

6. 健全检察机关意识形态工作机制。全面落实意识形态工作责任制，坚决捍卫意识形态安全。坚持敢于斗争、善于斗争，坚决抵制西方“宪政”、“三权鼎立”、“司法独立”等错误观点。常态化开展检察人员现实思想调查分析，落实谈心谈话制度。

三、完善服务党和国家工作大局制度体系

7. 服务推进国家安全体系和能力现代化。贯彻总体国家安全观，全面准确落实宽严相济刑事政策，推动实现高质量发展和高水平安全良性互动。推动健全国家安全体系，严厉打击危害国家安全、暴力恐怖等犯罪。协同完善公共安全治理机制，依法加大对危害生产安全犯罪、食品药品安全领域犯罪防治力度。协同推进社会治安整体防控体系建设，健全扫黑除恶常态化机制，依法严惩群众反映强烈的犯罪，推动完善“扫黄打非”长效机制。积极参与网络综合治理，促进网络空间法治建设。坚持和发展新时代“枫桥经验”，促进健全社会治理体系。深入推进检察信访工作法治化，落实领导干部带头接访制度，持续推进群众信访件件有回复，开展涉检信访矛盾源头治理。加强轻微犯罪问题研究，推动建立轻微犯罪记录封存制度。

8. 服务构建高水平社会主义市场经济体制。健全检察政策与宏观政策取向一致性评估机制。依法惩治走私、危害税收征管等犯罪，维护社会主义市场经济秩序。依法从严打击金融诈骗、破坏金融管理秩序等金融犯罪，推动健全金融证券领域行政执法和刑事司法衔接机制，惩治非法金融活动，有力维护金融安全。强化反垄断和反不正当竞争司法，促进构建全国统一大市场。对侵犯各种所有制经济产权和合法利益的行为实行同责同罪同罚，促进营造市场化、法治化、国际化一流营商环境。坚持和落实“两个毫不动摇”，保证各种所有制经济依法平等使用

生产要素、公平参与市场竞争、同等受到法律保护。完善产权司法保护制度，依法平等长久保护各种所有制经济产权，防止和纠正利用刑事手段干预经济纠纷，健全检察环节依法甄别纠正涉企冤错案件机制。加强高新技术、新兴产业、科技创新等领域知识产权司法保护，依法保护商业秘密，加强知识产权恶意诉讼监督，护航因地制宜发展新质生产力。

9. 服务保障和改善民生。践行司法为民宗旨，精准对接就业、社会保障、医药卫生、特定群体权益保障等民生领域改革部署，健全检察便民利民机制。完善保障妇女、残疾人、老年人等特定群体合法权益工作机制。加强和改进未成年人权益司法保护，依法严厉打击侵害未成年人犯罪，完善未成年被害人保护救助机制。实行教育、感化、挽救的方针，坚持“预防就是保护、惩治也是挽救”，依法惩治未成年人犯罪，规范适用附条件不起诉。强化未成年人犯罪预防和治理，推动罪错未成年人分级干预矫治，推动加强专门教育和专门矫治教育工作，深化社会支持体系建设，促进健全未成年人家庭、学校、社会、网络、政府和司法“六大保护”协同机制。完善司法救济保护制度，推动完善国家赔偿制度，优化刑事申诉案件办案程序。落实和规范司法救助制度，推动健全司法救助与社会救助衔接机制。

10. 服务深入推进党风廉政建设和反腐败斗争。融入党和国家监督体系，协同深化整治权力集中、资金密集、资源富集领域腐败。协同有效防治新型腐败和隐性腐败。配合健全追逃防逃追赃机制，依法规范有效适用违法所得没收程序和缺席审判程序。坚持受贿行贿一起查，加大行贿犯罪惩治力度，协同完善对重点行贿人的联合惩戒机制。

11. 服务其他领域重点改革。服务生态文明体制改革，加强生态环境检察工作，依法惩治破坏环境资源犯罪，发挥好公益诉讼在生态环境治理中的积极作用。服务完善城乡融合发展体制机制改革，加强涉农检察工作，助力乡村全面振兴。服务区域协调发展战略实施，加强区域内检察工作协作配合。服务文化体制机制改革，完善促进文化事业和文化产业繁荣发展检察举措，加强文化遗产司法保护。

四、健全强化法律监督工作机制

12. 完善刑事指控体系。贯彻证据裁判原则，完善证据收集、审查、运用机制，健全技术性证据专门审查制度，强化非法取证源头预防，严格落实非法证据排除规则。加强对关键证据的调查核实，规范自行补充侦查。推动完善刑事诉讼中的认罪认罚从宽制度，规范检察环节制度适用。依法规范不批捕、不起诉。强化庭审讯问询问、举证质证、法庭辩论等公诉能力建设。

13. 健全刑事诉讼全流程监督机制。落实加强人权司法保障要求，依法加强刑事诉讼法律监督。完善立案监督办案规范。依法监督纠正非法取证、违法适用强制措施等侦查活动违法行为，优化完善侦查监督平台。完善事前审查、事中监督、事后纠正等工作机制，依法加强对涉及人身权利强制措施以及查封、扣押、冻结等强制措施的监督。规范刑事案件指定管辖工作。加强对涉案财物处置的法律监督。深化社会危险性评估机制，加强羁押必要性审查，对逮捕后变更强制措施的，加强对取保候审、监视居住执行情况的监督。完善审查批准延长侦查羁押期限机制。健全上下联动抗诉工作机制。强化死刑复核监督。完善“派驻+巡回+科技”刑事执行监督机制，加强对刑罚变更执行、强制医疗执行、指定居所监视居住执行、财产刑执行等监督，强化对超期羁押、久押不决案件的监督。推进刑事案件律师辩护全覆盖。加强律师执业权利保障，完善便利律师参与诉讼机制。

14. 健全民事检察工作机制。构建各级检察院有区分、有侧重、有统筹的民事检察工作机制。精准开展民事诉讼监督，加强生效民事裁判、民事审判活动违法行为监督。充分保障当事人申请监督权利，完善下级检察院提请抗诉程序设置。规范适用民事再审检察建议。推进个案监督与类案监督相结合，注重发现和纠正深层次违法问题。配合国家执行体制改革，强化对民事执行的全程监督。推动完善虚假诉讼防范、发现和惩治机制。依法开展支持起诉工作，保障特定群体依法有效行使诉权。

15. 健全行政检察工作机制。完善行政诉讼监督机制，加大行政裁判监督力度，加强行政审判和执行活动违法行为监督，深化行政非诉执行监督。结合办理行政诉讼监督案件，协同人民法院、行政机关依法规范推进行政争议实质性化解。在履行法律监督职责中发现行政机关违法行使职权或者不行使职权的，依照法律规定制发检察建议等督促纠正。

16. 健全公益诉讼检察工作机制。聚焦“公益保护”，准确把握“可诉性”基本要素，依法规范办理案件。规范制发公益诉讼检察建议，加强检察建议与提起诉讼有机衔接。健全符合公益诉讼检察特点规律的办案规范体系，完善不同领域公益诉讼办案标准和“可诉性”判断指引。完善跨区域公益诉讼检察协作机制。配合加快推进检察公益诉讼立法。

17. 健全检察机关办理直接受理侦查案件工作格局。坚持依法稳慎、务必搞准，严格依法把握检察机关立案侦查的职能定位和适用条件。完善检察机关侦查管辖案件立案追诉标准。依法查处司法工作人员利用职权徇私枉法、非法拘禁、刑讯逼供等犯罪行为。规范检察机关对公安机关管辖的国家机关工作人员利用职权实施的重大犯罪案件依法决定立案侦查的标准、程序和工作机制。优化案件线索管理，健全办案机制，强化现代化侦查手段运用，健全直接立案侦查案件内部衔接配合和制约监督机制。推进检察机关立案侦查工作专业化建设。

18. 完善涉外检察工作体系。融入涉外法治工作大协同格局，构建协同高效的涉外检察实施体系。依法办理涉外案件和刑事司法协助案件，依法办理领事通知和领事探视，依法平等保护中外当事人合法权益，维护我公民、法人海外合法权益。深化执法司法国际合作，巩固拓展双边多边检察合作机制，推动检察国际合作谅解备忘录落实，服务高质量共建“一带一路”和高水平对外开放。

19. 加强军事检察工作。支持军事检察机关履行法律监督职责，融入中国特色军事法治体系建设。加强多层次军地检察协作，依法维护国防利益和军人军属合法权益。联合开展公益诉讼专项监督，依法保障部队战备、训练秩序。

五、健全检察机关公正司法体制机制

20. 落实和完善司法责任制。全面准确落实、不断健全完善司法责任制，细化完善检察官职权清单、检察辅助人员职责清单、入额院领导办案清单、业务部门负责人审核清单，强化检察委员会、检察长、业务部门负责人等司法办案监督管理职责。健全司法办案组织及运行机制，加强司法责任制的督促落实。严格落实检察官办案质量终身负责制和错案责任倒查问责制，完善司法责任认定和追究机制。健全检察官惩戒制度。

21. 健全依法一体履职、综合履职机制。落实和完善检察工作上下级领导体制，优化上下统一、横向协作、总体统筹的一体履职机制。健全内部法律监督线索移送机制，探索建立法律监督线索库。规范落实上级检察院统一调用辖区检察人员办案制度。完善未成年人检察、知识产权检察等领域“四大检察”综合履职。

22. 完善检察监督方式。完善重大监督事项办理程序。规范和加强调查核实工作，明确适用范围、方式、程序和规则。规范检察建议工作。探索建立重大法律监督事项跟进监督、接续监督等机制。

23. 健全检察业务管理、案件管理和质量管理机制。持续推进检察业务管理现代化，完善业务研判、指导、评价体系，健全案件质量检查评查制度，压实业务部门自我管理、案件管理部门专门管理和相关部门协同管理责任。取消一切对各级检察机关特别是基层检察机关的不必要、不恰当、不合理考核，更加注重业务管理、案件管理、质量管理，把“高质效办好每一个案件”作为新时代新征程检察履职办案的基本价值追求。深化研究运用“四大检察”的履职结构比，依程序办案与依职权监督的案件结构比，依程序移送、依申请受案与主动发现的案源结构比，推动检察职能全面协调充分发展。

24. 完善执法司法相互配合制约机制。协同健全监察机关、公安机关、检察机关、审判机关、司法行政机关各司其职，监察权、侦查权、检察权、审判权、执行权相互配合、相互制约的体制机制。健全侦查监督与协作配合机制，检察机关对相关监督线索经依法调查核实后，需要监督纠正的，应当及时向侦查机关提出监督意见、检察建议；健全重大疑难案件听取意见机制，依法提出意见建议。推动完善行政处罚和刑事处罚双向衔接机制，健全信息共享、案情通报、案件移送制度，规范办理检察机关向行政机关移送的案件。落实“推进执纪执法和刑事司法有机衔接”要求，加强与监察机关管辖案件的衔接协调和办案协作，依法规范提前介入监察调查工作。完善检察机关立案侦查案件监检衔接机制。完善履行法律监督职责中发现的党员、公职人员违纪或者职务违法、职务犯罪线索向纪检监察机关移送机制。落实检察长列席法院审判委员会会议制度。

25. 健全检察权运行制约监督机制。完善接受党委政法委对执法司法活动的监督等工作机制，健全接受人大监督和民主监督机制，自觉接受社会监督、舆论监督。完善人民监督员制度。坚持“应听证尽听证”，完善听证员选用管理机制，规范检察听证工作，提升听证质效。自觉接受公安机关、审判机关、司法行政机关履职制约，切实保障法律监督工作依法有序开展。加强上级检察院对下级检察院司法办案工作的监督，健全指令纠正或者依法撤销、变更下级检察院错误决定制度。加强司法办案廉政风险防控，合理设置内部把关流程。规范刑事申诉等案件反向审视工作。

26. 深化和规范检务公开。推进检务公开规范化建设，优化检务公开的内容、程序和方式。常态化开展检察开放日活动。推进检务公开与便民服务集约融合。改进检察机关法治宣传教育，落实“谁执法谁普法”的普法责任制，构建全媒体检察宣传格局，完善推进法治社会建设机制。

六、建设高素质专业化检察队伍

27. 加强领导班子建设。履行协管职责，协同选优配强管好地方检察院领导班子。鲜明树立选人用人正确导向，大力选拔政治过硬、敢于担当、锐意改革、实绩突出、清正廉洁的检察干部。加强领导干部交流任职，推进领导干部能上能下常态化。树立和践行正确政绩观，健全有效防范和纠治政绩观偏差工作机制。加强优秀年轻干部针对性培养使用。统筹做好检察系统女干部、少数民族干部和党外干部培养选拔工作。

28. 加强检察队伍专业素能建设。深化人才强检战略，加强政治与业务融合培训，健全常态化培训特别是基本培训机制，开展岗位练兵、业务竞赛等专业训练和实践锻炼，推动检察人员善于从纷繁复杂的法律事实中准确把握实质法律关系，善于从具体法律条文中深刻领悟法治精神，善于在法理情的有机统一中实现公平正义。用足用好各类人才招录（聘）引进政策，健全“选育管用”一体机制，构建知识产权、金融证券、涉外检察、数字检察等紧缺法治人才培养机制。

29. 健全检察组织机构。优化内设机构和办案组织设置。统筹推进铁路、林区、垦区、矿区、油田等检察院改革，完善对专门法院、巡回法庭等法律监督机制。优化刑事执行派出检察院布局。因地制宜规范派出检察室建设。

30. 健全检察队伍管理机制。深化检察人员分类管理改革，完善检察官逐级遴选制度，优化检察官助理分阶段培养和履职管理，规范检察人员有序交流。完善司法警察履职机制，优化调整编队管理模式。推动落实专业技术类公务员改革，规范事业编制人员管理培养，完善聘用制书记员招聘和管理机制。进一步优化检察人员考核评价机制。

31. 完善从优待检和履职保护制度。推动完善司法辅助人员、司法行政人员职业保障政策，加强检察官权益保障。加强对敢担当善作为干部的激励保护。准确把握和落实“三个区分开来”，完善检察人员依法履职不实举报澄清机制。

32. 健全全面从严治检体系。深入推进检察机关党风廉政建设和反腐败斗争，压紧压实全面从严治检主体责任，支持配合派驻纪检监察机构工作，完善检察机关一体推进“三不腐”、防治“灯下黑”机制。建立经常性和集中性相结合的纪律教育机制，深化运用监督执纪“四种形态”，综合发挥党的纪律教育约束、保障激励作用。锲而不舍落实中央八项规定及其实施细则精神，健全防治形式主义、官僚主义制度机制。完整准确执行防止干预司法“三个规定”，健全应录尽录、常态化甄别核查、案件倒查等工作机制。

33. 强化基层基础建设。树牢大抓基层鲜明导向，健全对基层检察院分类指导、领导干部定点联系、业务部门对口指导、基层检察院结对共建和创先争优等制度机制。深化对口援助帮扶、巡讲支教等工作，坚持检力向办案一线和艰苦边远地区倾斜。健全为基层减负长效机制。

34. 加强法律政策和检察理论研究。健全法律政策研究工作体系。积极配合做好相关法律的制定、修改工作，制定完善重点领域、新兴领域相关司法解释，完善指导性案例、典型案例选用机制，持续建好用好检察案例库。健全司法解释和案例指导工作协作机制。深化检察理论研究，健全中国特色社会主义检察学学科体系、学术体系、话语体系。深化检学研共建机制，加强检校合作，建好检察研究基地，推动法学院校开设检察学、检察实务课程。

七、健全检务保障和科技支撑机制

35. 完善检察机关经费保障机制。因地制宜、积极稳妥推进省以下检察院财物统一管理改革。制定实施各省区市检察业务装备标准，优化办案用房和专业技术用房功能设置。健全预算制度，加强财会监督，突出绩效导向，提升科学管理水平。

36. 以科技赋能法律监督。深入实施数字检察战略，深化“一张网”检察信息化架构，推进检察智能化数字化基础设施建设。充分释放数据要素价值，有效发挥成熟数据模型作用。积极探索大数据、区块链、人工智能等技术辅助司法办案。构建新时代检察技术工作格局，深化业务与技术协同机制，加强实验室体系建设，完善检察机关司法鉴定管理。积极参与国家重点研发计划科研项目和应用示范，协同开展司法领域关键问题科研攻关，推动科研成果有效转化。

各级检察院党组要加强组织领导，把全面深化检察改革、进一步加强新时代检察工作摆上重要议程，科学制定改革任务书、时间表、优先序，细化工作举措，强化督导检查，以钉钉子精神抓好各项改革任务落实，持续推进习近平法治思想的检察实践，以检察工作现代化支撑和服务中国式现代化。

解读《最高人民检察院关于全面深化检察改革、进一步加强新时代检察工作的意见》

最高人民检察院办公厅

为深入学习贯彻习近平法治思想，全面落实党的二十届三中全会精神，2024年12月，《最高人民检察院关于全面深化检察改革、进一步加强新时代检察工作的意见》（以下简称《意见》）发布。为了便于各级检察机关准确理解和落实《意见》，现就其出台背景、主要考虑、主要特点、主要内容、贯彻落实中需把握的关系作一说明。

一、《意见》的出台背景、主要考虑和主要特点

制定《意见》是中央政法工作会议、全国检察长会议作出的一项重要部署。2024年全国两会后，最高人民检察院党组决定正式启动《意见》起草工作，成立由党组书记、检察长应勇同志任组长，党组副书记、常务副检察长童建明同志任副组长的起草工作领导小组。在《意见》起草过程中，最高人民检察院深入学习贯彻习近平总书记关于全面深化改革的一系列新思想新观点新论断和关于政法工作、检察工作的重要指示批示精神，全面贯彻《中共中央关于加强新时代检察机关法律监督工作的意见》，坚持把发扬民主、集思广益贯穿起草工作全过程，多次就《意见》稿听取检察系统内意见，先后两次征求有关中央和国家机关意见，对各方面提出的意见建议作了充分研究吸纳。经最高人民检察院党组会研究通过后，报中央政法委员会全体会议审议通过。

（一）准确把握《中共中央关于加强新时代检察机关法律监督工作的意见》与《意见》的关系

《中共中央关于加强新时代检察机关法律监督工作的意见》对新时代检察机关法律监督工作作出全面部署。党中央以中共中央文件形式印发《中共中央关于加强新时代检察机关法律监督工作的意见》，这在人民检察史上是第一次，充分体现了以习近平同志为核心的党中央对检察工作的高度重视。《中共中央关于加强新时代检察机关法律监督工作的意见》印发以来，全国检察机关坚持从政治上着眼、从法治上着力，持之以恒抓好贯彻落实，取得阶段性明显成效。2024 年 7 月，党的二十届三中全会审议通过的《中共中央关于进一步全面深化改革、推进中国式现代化的决定》明确了一系列标志性、引领性、突破性的重大改革任务。检察机关既要立足检察职能，更好服务各项改革部署落地见效，以法治力量支撑和服务中国式现代化，又要深入推进法治领域、政法领域涉及检察工作的各项改革。总的来说，《中共中央关于加强新时代检察机关法律监督工作的意见》是加强新时代检察工作的纲领性文件，是制定实施《意见》的重要遵循；《意见》是与时俱进深化落实《中共中央关于加强新时代检察机关法律监督工作的意见》的重要举措，是统筹贯彻落实党的二十届三中全会改革部署的重要抓手。检察机关贯彻落实《中共中央关于加强新时代检察机关法律监督工作的意见》和制定实施《意见》有机衔接、内在统一。

（二）准确把握出台《意见》的主要考虑

一是把握时代背景，体现改革精神。《中共中央关于进一步全面深化改革、推进中国式现代化的决定》对党和国家各领域各方面改革作出系统部署，同时对法治领域改革提出新的要求。《意见》通篇贯彻《中共中央关于进一步全面深化改革、推进中国式现代化的决定》精神，系统部署全面深化检察改革、进一步加强新时代检察工作，助推在法治轨道上进一步全面深化改革、推进中国式现代化。二是把握一贯要求，体现继承发展。以习近平同志为核心的党中央高度重视检察工作，作出一系列重要部署。最高人民检察院近年来也陆续出台《2023—2027年检察改革工作规划》等一系列事关检察工作长远发展的文件。《意见》深入贯彻落实党中央关于政法工作、检察工作的决策部署，按照最高人民检察院党组工作要求，坚持“一张蓝图绘到底”，进一步巩固深化、完善提升各项重点工作举措。三是把握目标引领，体现问题导向。习近平总书记反复强调，“努力让人民群众在每一个司法案件中感受到公平正义”，要求“所有司法机关都要紧紧围绕这个目标来改进工作”。《意见》紧紧围绕这一目标，坚持问题导向，注重奔着问题去、奔着解决问题去，起草中深入调研、充分论证，有针对性地解决制约检察事业发展、影响法律监督质效、困扰基层基础和队伍建设的重点难点堵点问题，推动检察工作高质量发展。

（三）准确把握《意见》的主要特点

《意见》深刻把握进一步全面深化改革的指导思想、总体目标、重大原则、科学方法，结合新时代新征程检察工作实际，有以下特点：

第一，注重聚焦主责主业。检察机关作为国家的法律监督机关和保障国家法律统一正确实施的司法机关，主责主业是法律监督，工作重心也是法律监督。《意见》明确的工作举措都聚焦到依法履行法律监督职能上。《意见》对刑事、民事、行政、公益诉讼“四大检察”作出部署，进一步明确了法律监督重点，有助于提升法律监督质效。

第二，注重落实改革任务。《意见》坚持党的中心工作推动到哪里，检察工作就跟进到哪里，把检察工作放到党和国家工作大局中思考和谋划。围绕服从服务于进一步全面深化改革、推进中国式现代化，更好为大局服务、为人民司法、为法治担当，细化实化《中共中央关于进一步全面深化改革、推进中国式现代化的决定》各项涉检改革任务，是贯彻落实党中央改革部署的检察“任务书”，是推动党的检察事业改革发展的“施工图”。

第三，注重完善制度机制。制度机制建设对于推动检察事业行稳致远具有基础性、保障性作用。《意见》坚持在法治轨道上、在法律框架内全面深化检察改革，对检察工作相关制度机制的优化、健全、完善作出明确规定，促进强化检察改革系统集成、协同高效。全文“制度”一词总计出现30次、“机制”一词总计出现94次。

第四，注重规范检察履职。针对司法体制改革后加强检察权运行制约监督等问题，《意见》坚持强化法律监督与规范检察履职并重，在“基本原则”中强调“依法履行职能，敢于监督、善于监督、勇于自我监督”。同时，专门部署“完善执法司法相互配合制约机制”“健全检察权运行制约监督机制”等举措，确保检察权在宪法和法律范围内依法公正高效廉洁运行。

第五，注重突出工作重点。《意见》注重以重点带动一般，聚焦依法履行检察机关基本职能的重点环节、服务改革发展稳定大局的重要方面、事关检察自身建设的重要事项作出重点部署，带动各项检察工作全面协调充分发展。对于一般常规性的工作，融入日常检察工作自觉抓好落实。

二、《意见》的主要内容

《意见》除引言和结语外，共包括七个部分36个条目。基本框架为“一个总体要求”和“六个主要板块”。

（一）一个总体要求

《意见》的第一部分是总体要求，主要阐述指导思想和基本原则。

关于指导思想，《意见》明确提出要坚持以习近平新时代中国特色社会主义思想为指导，全面贯彻习近平法治思想，深入贯彻党的二十大和二十届二中、三中全会精神，深刻领悟“两个确立”的决定性意义，增强“四个意识”、坚定“四个自信”、做到“两个维护”，深入贯彻《中共中央关于加强新时代检察机关法律监督工作的意见》，以加强检察机关法律监督为主线，以努力让人民群众在每一个司法案件中感受到公平正义为目标，加快推进检察工作理念、体系、机制、能力现代化，锻造忠诚干净担当的新时代检察铁军，为以中国式现代化全面推进强国建设、民族复兴伟业提供有力法治保障。

关于基本原则，《意见》简明扼要提出六项基本原则：一是坚持党的绝对领导，旗帜鲜明走中国特色社会主义法治道路，把党的领导落实到检察工作各方面全过程；二是坚持以人民为中心，回应人民呼声，维护人民权益，接受人民监督，践行全过程人民民主；三是坚持把检察工作放到党和国家工作大局中谋划，自觉为大局服务、为人民司法、为法治担当，更好服务保障经济社会高质量发展；四是坚持检察履职内在统一于法律监督宪法定位，依法履行职能，敢于监督、善于监督、勇于自我监督；五是坚持系统观念，增强检察改革的系统性、整体性、协同性；六是坚持守正创新，坚定中国特色社会主义检察制度自信，全面深化和落实司法体制改革，在法治轨道上深化检察改革，推动加快建设公正高效权威的社会主义司法制度。

（二）六个主要板块

六个主要板块是《意见》的主体内容，共有六个部分34个条目。

第一，健全坚持党对检察工作绝对领导制度体系。该部分主要包括坚持和加强党中央集中统一领导、持续加强党的创新理论武装、完善检察机关党的建设制度机制、健全检察机关意识形态工作机制四项内容，都是加强检察机关政治建设、确保检察工作正确政治方向的重要举措。例如，在“坚持和加强党中央集中统一领导”中，旗帜鲜明强调持续擦亮坚定拥护“两个确立”、坚决做到“两个维护”的鲜明政治底色，切实做到检察工作方向由党指引、检察工作原则由党确定、检察工作决策由党统领。落实《中国共产党重大事项请示报告条例》《中国共产党政法工作条例》要求，突出强调“严格执行请示报告制度”。又如，最高人民检察院在2023年制定《干部政治素质考察办法》的基础上，2024年进一步细化完善政治素质考察清单，将政治素质考察融入选任晋升、日常考核和干部管理监督各方面全过程，作为常态化了解干部政治表现的重要手段。《意见》明确“做深做实政治素质考察”，推动进一步深化落实这项制度。再如，2024年8月，最高人民检察院深入学习贯彻习近平文化思想，制定了《关于加强新时代检察文化建设的意见》。《意见》进一步落实《中共中央关于进一步全面深化改革、推进中国式现代化的决定》关于“深化文化体制机制改革”部署，再次强调“加强新时代检察文化建设”，培育“忠诚、为民、担当、公正、廉洁”的新时代检察精神，让求真务实、担当实干成为检察人员的鲜明履职特征。

第二，完善服务党和国家工作大局制度体系。该部分主要包括服务推进国家安全体系和能力现代化、服务构建高水平社会主义市场经济体制、服务保障和改善民生、服务深入推进党风廉政建设和反腐败斗争、服务其他领域重点改革五项内容，旨在推动依法充分履行检察职能，为进一步全面深化改革、推进中国式现代化提供有力法治保障。例如，围绕有力维护高水平安全，《意见》贯彻总体国家安全观，系统部署了推动健全国家安全体系、协同完善公共安全治理机制、协同推进社会治安整体防控体系建设、积极参与网络综合治理、促进健全社会治理体系、推进检察信访工作法治化等内容。《意见》特别强调“健全扫黑除恶常态化机制”“依法严惩群众反映强烈的犯罪”等工作，切实增强人民群众安全感。又如，围绕更好服务高质量发展，《意见》聚焦服务构建高水平社会主义市场经济体制，部署健全检察政策与宏观政策取向一致性评估机制、依法惩治经济金融领域犯罪、维护社会主义市场经济秩序、对侵犯各种所有制经济产权和合法利益的行为实行同责同罪同罚、促进营造市场化法治化国际化一流营商环境、护航因地制宜发展新质生产力等系列检察举措，旨在充分运用法治力量强信心、稳预期。《意见》特别要求“防止和纠正利用刑事手段干预经济纠纷”，这也是2024年最高人民检察院部署的“检察护企”专项行动中的一项重点工作，着力监督纠正违法查封、扣押、冻结企业财产特别是异地趋利性执法司法问题。再如，围绕加强民生司法保障，《意见》践行司法为民宗旨，精准对接就业、社会保障、医药卫生、特定群体权益保障等民生领域改革部署，健全检察便民利民机制，持续做实可感受、能体验、得实惠的检察为民，推动解决人民群众急难愁盼问题，厚植党执政的政治根基。《意见》落实《中共中央关于进一步全面深化改革、推进中国式现代化的决定》关于“加强和改进未成年人权益保护，强化未成年人犯罪预防和治理”部署，强调既依法严厉打击侵害未成年人犯罪，又坚持“预防就是保护、惩治也是挽救”，依法惩治未成年人犯罪，推动罪错未成年人分级干预矫治，推动加强专门教育和专门矫治教育工作。

第三，健全强化法律监督工作机制。该部分主要包括完善刑事指控体系、健全刑事诉讼全流程监督机制、健全民事检察工作机制、健全行政检察工作机制、健全公益诉讼检察工作机制、健全检察机关办理直接受理侦查案件工作格局、完善涉外检察工作体系、加强军事检察工作八项内容，主要是巩固深化“四大检察”法律监督工作格局，推动“四大检察”全面协调充分发展，更好维护执法司法公正。

关于完善刑事指控体系。《意见》坚持以证据为中心，强调贯彻证据裁判原则，重点从完善证据收集、审查、运用机制，健全技术性证据专门审查制度，严格落实非法证据排除规则，加强对关键证据的调查核实，规范自行补充侦查，依法规范不批捕、不起诉，强化公诉能力建设等方面，部署完善刑事指控体系。认罪认罚从宽制度是中国特色社会主义刑事司法制度的重大创新，丰富了刑事司法与犯罪治理的“中国方案”。这项制度全面实施以来，经过稳步推进，适用成为常态。《意见》强调“推动完善刑事诉讼中的认罪认罚从宽制度，规范检察环节制度适用”，进一步推动这项制度深化完善、提升质效，重点健全保证认罪认罚自愿性真实性、量刑建议合法性恰当性的工作机制，统筹推进认罪认罚案件庭审程序规范化实质化、提升量刑建议质量等工作。

关于健全刑事诉讼全流程监督机制。《意见》落实加强人权司法保障要求，从立案、侦查、审判、执行等环节部署健全刑事诉讼全流程监督的相关举措，以更好发挥刑事检察在追诉犯罪、维护稳定、保障人权、守护公正中的重要作用。例如，监视居住是一种限制公民人身自由的刑事强制措施。《意见》提出“对逮捕后变更强制措施的，加强对取保候审、监视居住执行情况的监督”，强调加强对指定居所监视居住执行情况的监督，就是要引导检察机关强化检察监督，提升监督效能。

关于健全民事检察工作机制。《意见》系统部署了对民事诉讼和执行活动的法律监督，强调要“构建各级检察院有区分、有侧重、有统筹的民事检察工作机制”，在总结实践经验、落实改革任务的基础上，对一些重点工作作了部署。例如，2023 年 11 月，最高人民检察院会同最高人民法院出台《关于规范办理民事再审检察建议案件若干问题的意见》，推动从制度层面解决同级监督问题。《意见》提出“规范适用民事再审检察建议”，有利于推动该文件更好落实。又如，《中共中央关于进一步全面深化改革、推进中国式现代化的决定》明确要求：“深化审判权和执行权分离改革，健全国家执行体制，强化当事人、检察机关和社会公众对执行活动的全程监督。”《意见》落实这项改革部署，提出“配合国家执行体制改革，强化对民事执行的全程监督”。再如，“打假官司”严重扰乱司法秩序、损害司法权威、侵害他人合法权益。检察机关持续开展监督，2018 年至 2023 年依法纠正虚假诉讼 4.9 万件，起诉虚假诉讼犯罪 6046 人。2024 年，最高人民检察院会同最高人民法院、公安部、司法部印发《关于深入推进虚假诉讼专项监督行动的通知》。《意见》在总结实践经验的基础上，提出“推动完善虚假诉讼防范、发现和惩治机制”。此外，支持起诉是民事检察的一项重要工作。检察机关对权益受损但因经济困难或法律知识欠缺等原因，不敢、不能起诉的老年人、残疾人、农民工和受家暴妇女等特定群体，依法支持提起民事诉讼，依法保障公民既依法享有诉权又有效行使诉权。2023年检察机关支持提起民事诉讼7.7万人。《意见》专门部署“依法开展支持起诉工作”。下一步，最高人民检察院将会同相关部门进一步规范该项工作。

关于健全行政检察工作机制。行政诉讼监督是行政检察工作的重心，《意见》对行政诉讼监督作了重点部署。当前，行政诉讼监督与社会上大量存在的行政争议、行政申诉得不到有效解决形成重大反差。《意见》提出“完善行政诉讼监督机制，加大行政裁判监督力度，加强行政审判和执行活动违法行为监督，深化行政非诉执行监督”，引导各级检察机关依法强化履职，实现对行政诉讼和执行活动的有力监督。《意见》还对其他几项重要工作提出要求。例如，依法开展行政违法行为监督。《中共中央关于加强新时代检察机关法律监督工作的意见》明确规定：“在履行法律监督职责中发现行政机关违法行使职权或者不行使职权的，可以依照法律规定制发检察建议等督促其纠正。”2024年4月，最高人民检察院印发《关于人民检察院在履行行政诉讼监督职责中开展行政违法行为监督工作的意见》，进一步规范行政违法行为监督的范围、方式和程序。《意见》重申上述规定，引导依法有序推进行政违法行为监督。又如，关于行政争议实质性化解，《意见》强调要“结合办理行政诉讼监督案件”来开展，对依法规范这项工作作出部署。

关于健全公益诉讼检察工作机制。检察公益诉讼制度是习近平法治思想的标识性概念、原创性成果。2024年是党中央部署“探索建立检察机关提起公益诉讼制度”十周年。十年来，检察机关始终牢记“公共利益代表”神圣职责，2017年7月至2024年11月，检察机关共立案办理公益诉讼案件110.1万件。截至目前，已有25部法律规定了公益诉讼条款，检察公益诉讼已拓展到15个法定领域，需全面总结实践经验，进一步深化实践、完善制度。例如，《意见》强调聚焦“公益保护”，准确把握“可诉性”基本要素，依法规范办理案件。“可诉性”包括适格诉讼主体、违法行为、公益损害事实、法律明确授权四个要素。准确把握“可诉性”基本要素，重在以“可诉性”来提升精准性和规范性。最高人民检察院正在完善不同领域公益诉讼办案标准和“可诉性”判断指引。又如，2023年，全国人大常委会将制定检察公益诉讼法列入立法规划。2024年，全国人大常委会又将制定检察公益诉讼法列入预备审议项目。《意见》专门提出“配合加快推进检察公益诉讼立法”，旨在更好推动把改革成果上升为法律制度。

关于健全检察机关办理直接受理侦查案件工作格局。检察侦查是法律赋予检察机关的重要职能，是严惩司法腐败、维护司法公正的重要手段，也是加强法律监督的重要保障。近年来，检察侦查工作稳步推进。2023年，检察机关对在诉讼监督中发现的司法工作人员利用职权实施的徇私枉法、滥用职权、刑讯逼供等犯罪，依法立案侦查1976人；对公安机关管辖的国家机关工作人员利用职权实施的重大犯罪案件，确需检察机关直接受理的，依法立案侦查176人。最高人民检察院党组反复强调，检察侦查重在依法稳慎，务必搞准。《意见》对此作了重申，并部署了加强和规范检察侦查工作的重点举措，督促各级检察机关都要正确理解和把握这个总要求。此外，《意见》还提出“优化案件线索管理”“强化现代化侦查手段运用”等要求，促进提升检察侦查工作质效。

关于完善涉外检察工作体系。涉外检察工作是检察机关的重要职责，是国家涉外法治工作的重要方面。2024年11月，最高人民检察院首次召开全国涉外检察工作会议，对做好涉外检察工作进行了系统部署。《意见》专门对完善涉外检察工作体系提出要求，旨在推动涉外检察工作深度融入我国涉外法治工作大协同格局，在涉外执法司法领域中充分发挥检察作用，更加有力维护国家主权、安全、发展利益。

关于加强军事检察工作。《意见》聚焦依法维护国防利益和军人军属合法权益，强调“支持军事检察机关履行法律监督职责，融入中国特色军事法治体系建设”。近年来，检察机关持续推进军用机场净空、军用港口和舰艇航道保护专项监督，协同加强部队训练场安全风险防控。《意见》对“联合开展公益诉讼专项监督”作出再部署，推动依法保障部队战备、训练秩序。

第四，健全检察机关公正司法体制机制。该部分主要包括落实和完善司法责任制，健全依法一体履职、综合履职机制，完善检察监督方式，健全检察业务管理、案件管理和质量管理机制，完善执法司法相互配合制约机制，健全检察权运行制约监督机制，深化和规范检务公开七项内容，主要是通过深化检察机关自身改革，确保自身严格依法办案、公正司法。例如，《中共中央关于进一步全面深化改革、推进中国式现代化的决定》明确要求“落实和完善司法责任制”。司法责任制是司法体制改革的“牛鼻子”，牵一发而动全身。2024年，最高人民检察院修订了《关于人民检察院全面准确落实司法责任制的若干意见》《人民检察院司法责任追究条例》，全链条完善司法责任归属、落实、认定、追究工作机制。《意见》单列“落实和完善司法责任制”一条，明确细化完善检察官职权清单、完善司法责任认定和追究机制等方面要求，就是为了把司法责任制真正落实到位，实现有权必有责、有责要担当、失责必追究。又如，最高人民检察院、公安部《关于健全完善侦查监督与协作配合机制的意见》规定，“经依法调查核实后，需要监督纠正的，应当及时向公安机关提出监督意见、检察建议”；同时规定健全重大疑难案件听取意见机制，“公安机关办理重大、疑难案件，可以商请人民检察院派员通过审查证据材料等方式，就案件定性、证据收集、法律适用等提出意见建议”。最高人民检察院与中国海警局也签有类似文件。根据法律规定和会签文件，《意见》强调要“健全侦查监督与协作配合机制，检察机关对相关监督线索经依法调查核实后，需要监督纠正的，应当及时向侦查机关提出监督意见、检察建议；健全重大疑难案件听取意见机制，依法提出意见建议”。再如，最高人民检察院党组深入贯彻党中央关于整治形式主义为基层减负的重要部署，遵循司法规律，决定取消一切对各级检察机关的不必要、不恰当、不合理考核，不再执行检察业务评价指标体系，不再设置各类通报值等评价指标，不再对各地业务数据进行排名通报，把检察管理从简单的数据管理转向更加注重业务管理、案件管理、质量管理上来。《意见》强调“健全检察业务管理、案件管理和质量管理机制”，提出完善业务研判、指导、评价体系，健全案件质量检查评查制度等举措，目的是进一步落实和完善司法责任制，持续做实高质效办好每一个案件，努力让人民群众在每一个司法案件中感受到公平正义。《意见》落实《中共中央关于进一步全面深化改革、推进中国式现代化的决定》部署的改革任务，明确规定“完善执法司法相互配合制约机制”“健全检察权运行制约监督机制”“深化和规范检务公开”等内容，这些都是促进检察权依法规范公正高效廉洁运行的务实举措。

第五，建设高素质专业化检察队伍。该部分主要包括加强领导班子建设、加强检察队伍专业素能建设、健全检察组织机构、健全检察队伍管理机制、完善从优待检和履职保护制度、健全全面从严治检体系、强化基层基础建设、加强法律政策和检察理论研究八项内容。全面深化检察改革、进一步加强新时代检察工作，根本要靠一支忠诚干净担当的新时代检察铁军。2023 年 12 月，最高人民检察院出台专门意见，对加强新时代检察队伍建设作了全面部署。《意见》在此基础上，坚持从严监督管理与鼓励担当作为相结合，进一步明确了加强检察队伍、基层基础建设的一系列重点举措。例如，领导班子建设是检察队伍建设的重中之重。为此，《意见》强调要“履行协管职责”，并对加强领导干部交流任职、优秀年轻干部针对性培养使用等工作提出明确要求。又如，检察人员分类管理改革后，各类人员各司其职、各尽其责，有力推进党的检察事业稳步向前。《意见》提出“深化检察人员分类管理改革”，对完善检察官逐级遴选制度、优化检察官助理分阶段培养和履职管理、规范检察人员有序交流、完善司法警察履职机制、推动落实专业技术类公务员改革、规范事业编制人员管理培养、完善聘用制书记员招聘和管理机制等提出要求，就是要进一步激发大家干事创业的热忱，让各类人员活力竞相迸发。再如，最高人民检察院认真落实中共中央办公厅、国务院办公厅印发的《关于加强新时代法学教育和法学理论研究的意见》，推动深化检察理论研究，部署开展了检察实务专家进校园、法学名师进检察等工作。《意见》对检察理论研究、检学研共建机制等工作再次提出明确要求，推动这些工作进一步走深走实。

第六，健全检务保障和科技支撑机制。该部分主要包括完善检察机关经费保障机制、以科技赋能法律监督两项内容。全面深化检察改革、进一步加强新时代检察工作，既需要有力的检务保障，也需要强大的科技支撑。在强化检务保障方面，《意见》在部署完善检察机关经费保障机制各项配套举措的同时，对健全预算制度、加强财会监督提出明确要求，强调要“突出绩效导向，提升科学管理水平”，推动以高质量检务保障助力高质效检察履职。在强化科技支撑方面，近年来检察机关深入实施数字检察战略，积极探索大数据、区块链、人工智能等技术辅助司法办案，加快推进法治信息化工程建设，有效发挥成熟数据模型作用。2024年，围绕进一步提升检察技术工作专业化规范化水平，最高人民检察院还专门制发了《关于加强新时代检察技术工作的意见》。《意见》对这些工作作了再强调。

三、贯彻落实《意见》需要把握的关系

《意见》是当前和今后一个时期检察机关贯彻落实党的二十届三中全会精神、持续推进习近平法治思想检察实践的总体部署。全国检察机关贯彻落实《意见》要坚持守正创新。守正就是守方向道路之正，坚定不移地走中国特色社会主义法治道路；创新就是创制度机制之新，致力于不断健全完善中国特色社会主义检察制度。在贯彻落实过程中，要深刻认识和把握几个重要关系。

第一，服务改革与自身改革的关系。《意见》在贯彻落实《中共中央关于加强新时代检察机关法律监督工作的意见》的基础上，既自觉融入进一步全面深化改革的伟大实践，对充分履行检察职能，服务进一步全面深化改革、推进中国式现代化进行系统部署，又自觉融入中国特色社会主义法治体系，对推动检察机关自身改革提出明确要求。各级检察机关要更加自觉服从服务于进一步全面深化改革、推进中国式现代化，下大气力推动检察机关自身改革和发展，以检察工作现代化支撑和服务中国式现代化。

第二，依法履职与改革创新的关系。贯彻落实《意见》，要始终坚持依法履职，遵循司法规律，做到严格依法办案、公正司法。同时，要坚持改革和法治相统一，在法治轨道上全面深化检察改革，在法定职责范围内推进各项制度机制创新，促进提升依法履职工作质效。各级检察机关要依法有序、因地制宜探索创新，充分发挥基层创新精神，稳步推动把《意见》绘制的蓝图变为实景。

第三，统筹部署和全面落实的关系。“一分部署、九分落实”。贯彻落实《意见》，要注重把贯彻落实党的二十大和二十届三中全会决策部署，以及党的十八大以来法治领域、政法领域具体改革举措统筹考虑、一体落实，切实增强改革取向的一致性、改革部署的连贯性、改革推进的稳定性，确保党中央各项决策部署在检察机关不折不扣落实。各

级检察机关要切实加强组织领导，把全面深化检察改革、进一步加强新时代检察工作摆上重要议程，科学制订改革任务书、时间表、优先序，细化工作举措，强化督导检查，以钉钉子精神抓好各项改革任务落实，持续推进习近平法治思想的检察实践，为以中国式现代化全面推进强国建设、民族复兴伟业作出更大贡献。

（来源：人民检察微信公众号，2025年1月1日）

部门规章、规章性文件与解读

国家市场监督管理总局

关于推进重点工业产品质量安全追溯的实施意见

2024 年 10 月 9 日　　　　国市监质监规〔2024〕6 号

各省、自治区、直辖市和新疆生产建设兵团市场监管局（厅、委）：

实施重点工业产品质量安全追溯，是落实工业产品生产销售单位质量安全主体责任，强化全过程质量安全风险防控，促进产品质量水平提升，加快全国统一大市场建设的重要举措。现就开展重点工业产品质量安全追溯提出以下实施意见。

一、总体要求

坚持以习近平新时代中国特色社会主义思想为指导，依据《产品质量法》等有关法律规定以及《质量强国建设纲要》要求，建立健全重点工业产品质量安全追溯体系，形成来源可查、去向可追、责任可究的质量安全追溯链条，保障人民群众生命财产安全，营造公平竞争、放心消费的市场环境。

到 2024 年底，对电线电缆、燃气器具、电动自行车、冷轧带肋钢筋等实施生产许可证、强制性认证管理的重点工业产品（见附件 1）开展质量安全追溯。到 2025 年底，对所有实施生产许可证、强制性认证管理的产品开展质量安全追溯。到 2027 年底，对生产许可证、强制性认证管理以外，涉及人身健康和生命财产安全并有强制性国家标准要求的重点工业产品开展质量安全追溯。

二、重点工作

（一）构建追溯机制。以统一的追溯码为载体，构建生产单位“源头赋码”，各销售单位、消费者“识码用码”的“一码贯通”机制。通过“码”上归集生产销售单位名称及地址、生产日期、检验合格证明、影响产品质量的流向等质量安全关键信息，实现重点工业产品质量安全追溯。市场监管总局结合产业实际、市场需求和产品质量安全风险等因素，制定发布质量安全追溯重点工业产品清单，组织开展质量安全追溯。

（二）建设追溯平台。市场监管总局推进建设全国重点工业产品质量安全追溯平台（以下简称追溯平台），动态实时归集、追溯重点工业产品质量安全关键信息，为社会公众、生产销售单位、行业组织、监管部门提供查询检索和数字化监管服务。

（三）明确追溯方式。通过商品条码、物联网标识编码（Ecode）、数字身份码、强制性产品认证（CCC 认证）编码，或者其他能够提供产品质量安全关键信息的任一种已有追溯码，以及具有产品质量安全关键信息的已有追溯系统，与追溯平台对接并实时获取相关质量安全关键信息。生产销售单位可自主选择任一种能实现质量安全追溯并与追溯平台实现对接的追溯方式。

（四）统一技术要求。不同的产品质量安全追溯方式应统一数据要求（见附件 2），明确追溯数据内容、赋码途径、公开权限等。尚未实现产品质量安全追溯的生产销售单位，可免费选用商品条码、物联网标识编码（Ecode）、数字身份码、强制性产品认证（CCC 认证）编码中任一种追溯技术（方案见附件 3），与追溯平台实现对接。对可以不使用信息化追溯的定制产品，生产方和使用方应通过记录台账或签订合同等方式实现产品质量安全追溯，有关记录或台账至少保留 3 年。

（五）生产销售单位追溯要求。生产单位应如实填报生产单位基本信息、产品信息、流向信息等产品质量安全关键信息。销售单位通过扫码查询等方式查验重点工业产品信息，并按追溯通用数据要求将重点工业产品进货和销售信息归集至追溯平台。

（六）推动相关方积极参与。在制修订重点工业产品国家标准、行业标准时，将质量安全追溯要求纳入其中。鼓励制定专门的质量安全追溯标准。行业协会等社会团体可将实施重点工业产品质量安全追溯作为评价行业内企业质量信用、质量安全水平的重要因素。鼓励生产销售单位、用户单位将重点工业产品质量安全追溯作为招标采购、供应商遴选的重要参考。

（七）保障追溯数据安全。参加追溯的相关方应做好追溯平台和追溯数据的安全防护，确保重点工业产品质量安全追溯数据真实、完整、准确、安全，做到可查证和不可篡改。市场监管总局会同有关部门和单位，加强相关信息基础设施安全保护和网络安全等级保护，实现对追溯平台安全防护技术保障和产品质量安全追溯数据全生命周期安全管理。

各省级市场监管部门要高度重视，加强组织领导，结合实际采取切实有效措施，组织本地区生产销售单位开展重点工业产品质量安全追溯，实现与追溯平台对接。市场监管总局研究制定重点工业产品质量安全追溯管理办法，促进提升质量安全追溯规范化、法治化水平。

附件：1. 第一批重点工业产品质量安全追溯清单

2. 重点工业产品质量安全追溯通用数据要求

3. 免费使用的重点工业产品质量安全追溯技术方案介绍

附件1

第一批重点工业产品质量安全追溯清单

产品类别	产品单元
电线电缆	架空绞线 塑料绝缘控制电缆 挤包绝缘低压电力电缆 挤包绝缘中压电力电缆 架空绝缘电缆
燃气器具	燃气用具连接用软管 燃气紧急切断阀 家用燃气灶具 商用燃气燃烧器具 瓶装液化石油气调压器（家用、商用）
消防产品	家用可燃气体探测器
电动自行车	电动自行车 电动自行车用充电器 电动自行车用蓄电池
安全帽	普通型安全帽 特殊型安全帽
胶合板	普通胶合板 难燃胶合板
细木工板	普通细木工板 难燃细木工板
冷轧带肋钢筋	普通钢筋混凝土用 预应力混凝土用
钢丝绳	单层股钢丝绳 阻旋转钢丝绳 平行捻密实钢丝绳 压实（股）钢丝绳 异形股钢丝绳 单股钢丝绳 密封钢丝绳 扁钢丝绳 编织钢丝绳

附件 2

重点工业产品质量安全追溯通用数据要求

一、生产单位数据要求

（一）生产单位基本信息（注册时一次填报）

1. 生产单位名称（必填，公开）
2. 统一社会信用代码（必填，公开）
3. 生产/注册地址（必填，公开）
4. 联系方式（必填，公开）
5. 营业执照（必填，公开）

（二）产品信息

1. 追溯码（必填一种，公开）
2. 产品名称（必填，公开）
3. 产品类型（必填，公开）
4. 规格型号（必填，公开）
5. 生产日期（必填，公开）
6. 质保期限（如涉及则必填，公开）
7. 出厂编号/批次号/序号（必填，公开）
8. 执行强制性国家标准（必填，公开）
9. 生产许可证号/强制性认证证书编号（如涉及则必填，公开）
10. 出厂检验报告或型式检验报告（必填，生产单位选择是否公开）
11. 使用说明书或警示说明（如涉及则必填，公开）

（三）流向信息

1. 销售时间（必填，生产单位选择是否公开）

2. 购方名称（必填，生产单位选择是否公开）
3. 购方地址（必填，生产单位选择是否公开）
4. 购方联系方式（必填，生产单位选择是否公开）

二、销售单位数据要求

（一）销售单位基本信息（注册时一次填报）
1. 销售单位名称（必填，公开）
2. 统一社会信用代码（必填，公开）
3. 销售/注册地址（必填，公开）
4. 联系方式（必填，公开）
5. 营业执照（必填，公开）

（二）流向信息
1. 追溯码（必填）（追溯平台生成）
2. 供应商名称（必填，销售单位选择是否公开）
3. 采购时间（必填，销售单位选择是否公开）
4. 客户名称（必填，销售单位选择是否公开）
5. 售出时间（必填，销售单位选择是否公开）

附件 3

免费使用的重点工业产品质量安全追溯技术方案介绍

生产销售单位结合自身特点和需要，自主自愿选择任一种技术方案，实现产品质量安全数据与全国重点工业产品质量安全追溯平台对接。省级市场监管部门组织本地区其他有关部门、行业协会、第三方机构等，将能够实现产品质量安全关键信息追溯的已有追溯系统，与追溯平台进行对接。在前期试点的基础上，现就免费使用的商品条码、物联网标识编码（Ecode）、数字身份码、强制性产品认证（CCC 认证）编码等追溯技术方案介绍如下。

一、商品条码追溯技术方案

（一）方案简介

基于全球通用的 GS1 国际标准，采用商品条码作为追溯码，依托中国物品编码中心建设运维的中国食品（产品）安全追溯平台开展质量安全追溯，生产销售单位根据自身业务情况，选择一品一码、一批一码、一物一码进行追溯，以一维码、二维码、RFID 标签等形式标识于产品本体或外包装，生产、销售等环节可按追溯要求填报追溯信息，可通过条码追溯微信小程序、中国编码 App、官方网站（https：//www. chinatrace. org）等途径获取产品追溯信息。

（二）适用范围

该方案可应用于工业产品行业全域。特别适用于纺织服装、燃气灶具、家装建材、家用电器、儿童用品、老年用品、食品相关产品等重点工业产品。

（三）费用情况

向商品条码用户免费提供重点工业产品质量安全追溯数据录入及查询展示服务。

（四）应用指引

详见平台用户手册（https：//chinatrace. org）。

（五）技术支持

联系系统管理员（010-84267313）获取接口文档与技术支持。

二、物联网标识编码（Ecode）追溯技术方案

（一）方案简介

基于物联网标识体系 Ecode 系列国家标准，采用我国自主研发的物联网标识 Ecode 码作为追溯码，依托中国物品编码中心建设运维的国家物联网标识管理与公共服务平台开展质量安全追溯，生产销售单位根据自身业务情况，选用数字码、二维码、RFID 标签等形式标识于产品本体或依附于本体的产品标签或铭牌，生产、销售等环节可按追溯要求填报追溯信息，通过国家物联网标识 Ecode 微信小程序、扫一扫、官方网站（https：//www. iotroot. com）等途径获取产品追溯信息。

（二）适用范围

采用一物一码本体标识，追溯精度高，可应用于工业产品行业全域，特别适用于涉及重大民生的高风险工业产品（如电线电缆、燃气器具及配件产品、电动自行车、电力设备、火灾报警产品等）。

（三）费用情况

向注册用户免费提供重点工业产品质量安全追溯数据录入及查询展示服务。

（四）应用指引

详见平台用户手册（https：//www. iotroot. com）。

（五）技术支持

联系系统管理员（010-84295722）获取接口文档与技术支持。

三、数字身份码追溯技术方案

（一）方案简介

基于 ISO 国际二维码通用标准，采用数字身份码作为追溯码，依托中国航天科工集团所属公司建设运维的产品数字身份码质量安全追溯平台开展质量安全追溯，生产销售单位根据自身业务情况，实现产品品类

（一品一码）、产品批次（一批一码）、产品单品（一物一码）原料采购、生产加工、流通销售全链条质量信息追踪追溯。采用二维码、RFID 标签等作为数据载体以碳带打印、喷墨打印、激光喷码、油墨印刷等多种附着方式印制于产品本体或外包装，生产、销售等环节可按追溯要求填报追溯信息，通过网页端、移动端扫码方式提供查询展示。

（二）适用范围

平台适用于安全风险隐患大、社会反映强烈的重点监管工业产品，可应用于工业产品行业全域。

（三）费用情况

向数字身份码用户免费提供重点工业产品质量安全追溯数据录入及查询展示服务。

（四）应用指引

详见平台用户手册（https：//www. hgzcloud. com）。

（五）技术支持

联系平台管理员（0731-88149520）获取接口文档与技术支持。

四、CCC 认证产品质量安全追溯技术方案

（一）方案简介

依托全国认证认可信息公共服务平台，对实施 CCC 认证管理的相关产品实施质量安全追溯，并纳入全国重点工业产品质量安全追溯平台统一管理。实施 CCC 认证管理的相关生产单位自主选择商品条码、物联网标识编码（Ecode）、数字身份码等形式的追溯码，与 CCC 认证证书编码或标志编号相关联，通过认证活动中的数据填报或相关追溯系统对接等方式，经全国认证认可信息公共服务平台比对查验后录入至全国重点工业产品质量安全追溯平台（有关具体技术要求详见相关 CCC 认证实施规则文件等）。

（二）适用范围

适用于对实施 CCC 认证管理的全部产品类别，主要包括电线电缆、电路开关及保护装置、低压电器、电动工具、家用电器、电子产品及安全附件、照明电器、车辆及安全附件、消防产品、建材产品、儿童用品、防爆电气、家用燃气器具；具体产品目录详见《市场监管总局关于发布强制性产品认证目录描述与界定表的公告》（国家市场监督管理总局公告 2023 年第 36 号）。

（三）费用情况

免费提供 CCC 认证产品追溯数据查验展示服务。

（四）应用指引

详见全国认证认可信息公共服务平台相关技术用户手册（http：//cx. cnca. cn/CertECloud/index/index/page）。

（五）技术支持

联系全国认证认可信息公共服务平台相关技术支持管理员获取接口文档与技术支持。

解读《国家市场监督管理总局关于推进重点工业产品质量安全追溯的实施意见》

2024 年 10 月 9 日，国家市场监督管理总局（以下简称市场监管总局）发布了《关于推进重点工业产品质量安全追溯的实施意见》（以下简称《实施意见》）。现就相关内容解读如下。

一、《实施意见》出台背景和意义

当前，我国重点工业产品质量安全形势总体平稳，但市场上一些问题产品来源不明，生产销售单位主体责任落实不到位，制售假冒伪劣产品问题和消费者权益得不到保障等情况时有发生，亟须加强生产、销售到使用环节的全过程质量安全追溯。

中共中央、国务院印发的《质量强国建设纲要》对“优化质量监管效能”“构建重点产品质量安全追溯体系”提出明确要求。制定出台《实施意见》，旨在将中共中央、国务院关于构建产品质量安全追溯体系的要求，转化细化为可操作、可落地的具体政策和工作举措，推动建立覆盖全国的重点工业产品质量安全追溯体系，形成来源可查、去向可追、责任可究的质量安全追溯链条，精准定位、及时防控产品质量安全风险，更好守住产品质量安全底线。

二、制定《实施意见》的主要考虑

《实施意见》聚焦当前产品质量安全监管面临的新情况、新矛盾、新问题，通过生产单位“源头赋码”记录信息，销售单位、消费者“识码用码”查验信息，实现对重点工业产品从生产、销售到使用环节的全过程质量安全关键信息追溯，强化全过程质量安全风险管控。

《实施意见》在起草过程中注重把握以下几点。

一是注重统筹当前与长远。把握当前和未来工作节奏和力度，强调稳扎稳打，有序推进，明确 2024 年、2025 年、2027 年三个阶段目标任务，逐步实现对涉及人身健康和生命财产安全并有强制性国家标准要求的重点工业产品开展质量安全追溯。

二是助力强化质量安全监管。通过对重点工业产品质量安全关键信息的实时获取、动态追踪，实现对风险问题的精准定位和防控，促进提升穿透式监管能力。

三是实行追溯方式开放多元。基于节约资源、减轻负担、多元便利的原则，生产销售单位可自主选择任一种已有的追溯途径，与市场监管总局建设的重点工业产品质量安全追溯平台对接，不对任何已有追溯方式和追溯系统作排他性限制。同时，免费提供商品条码、物联网标识编码（Ecode）、数字身份码、强制性产品认证（CCC 认证）编码4种追溯技术，帮助生产销售单位减轻成本负担。

三、《实施意见》明确的追溯产品

市场监管总局按照统筹谋划、分步推进的原则，逐步将市场需求量大、与民生关系密切、质量安全要求高的产品纳入追溯清单，并提出三个阶段目标任务：一是到2024年底，对电线电缆、燃气器具、电动自行车、冷轧带肋钢筋等9类实施生产许可证、强制性认证管理产品开展质量安全追溯；二是到2025年底，对所有实施生产许可证和强制性认证管理的产品开展质量安全追溯；三是到2027年底，对生产许可证、强制性认证管理以外，涉及人身健康和生命财产安全并有强制性国家标准要求的重点工业产品开展质量安全追溯。

2024年首批开展追溯的产品，是国务院关于全国城镇燃气安全专项整治和电动自行车安全隐患全链条整治行动，以及国务院关于调整工业产品生产许可证管理目录涉及的产品，由市场监管总局纳入第一批重点工业产品质量安全追溯清单，率先开展追溯。

四、《实施意见》的重点任务

一是建立信息化追溯机制。构建生产单位“源头赋码”，各销售单位、消费者“识码用码”的“一码贯通”机制，“码”上归集质量安全关键信息，实现重点工业产品质量安全追溯。

二是建设产品质量安全追溯平台。明确市场监管总局建设全国重点工业产品质量安全追溯平台，统一追溯数据通用要求。生产销售单位可自主选择任一种能实现质量安全追溯的追溯码或系统，与追溯平台对接开展追溯。

三是落实生产销售单位追溯责任。督促生产单位如实填报生产单位基本信息、产品信息、流向信息等产品质量安全关键信息。销售单位通过扫码查询等方式查验重点工业产品信息，并按追溯通用数据要求将重点工业产品进货和销售信息归集至追溯平台。

四是推动追溯相关方积极参与。鼓励标准化组织、行业协会等单位在相关标准制修订、质量信用评价等过程中纳入质量安全追溯要求。鼓励生产销售单位、用户单位将重点工业产品质量安全追溯作为招标采购、供应商遴选的重要参考。

五是全方位保障追溯数据安全。要求参加追溯的相关方做好追溯平台和追溯数据的安全防护，确保追溯数据真实、完整、准确、安全，做到可查证和不可篡改。市场监管总局会同有关部门和单位，加强相关信息基础设施安全保护和网络安全等级保护。

五、《实施意见》的贯彻落实

下一步，市场监管总局将重点从以下几个方面抓好《实施意见》贯彻落实。一是加强督促指导。开展宣贯培训，帮助各地市场监管部门吃准吃透政策要求，抓好贯彻执行。督促指导各地市场监管部门立足实际，摸清监管底数，推动将重点工业产品质量安全追溯与日常监管相结合，确保工作落到实处。二是加强信息化保障。尽快建成应用重点工业产品质量安全追溯平台，与各类具备质量安全关键信息的现有追溯途径实现对接，统一归集汇总重点工业产品质量安全追溯数据，方便企业、社会公众查询检索。三是加强法治化建设。在修订产品质量法中明确质量安全追溯的法律地位、相关要求和法律责任，同时结合实施情况，制定专门规章办法，让这项制度更加完善、规范。

指导案例、典型案例与解读

司法部发布第五批贯彻实施新修订行政复议法典型案例

（2024年12月31日）

目　录

案例一　许某不服上海市某区人力资源和社会保障局行政确认行政复议案

【关键词】

完善调查审核流程　新就业形态　职业伤害待遇　调查取证　自行纠错

【基本案情】

申请人系某外卖平台骑手，2023 年 11 月 13 日，其在平台完成订单任务下线后遭遇交通事故伤害，经交警部门认定为非本人主要责任。申请人向被申请人上海市某区人力资源和社会保障局申请职业伤害保障待遇，被申请人委托商业保险机构进行调查。商业保险机构经查询平台系统，认定申请人遭遇交通事故时处于下线状态。被申请人据此认为不属于“执行平台订单任务期间”，依照《新就业形态就业人员职业伤害保障办法（试行）》（以下简称《保障办法》）的规定，作出不予确认职业伤害结论书。申请人不服，认为其行为符合《保障办法》关于在执行平台订单任务返回日常居所的合理路线途中受到非本人主要责任的交通事故，应当确认为职业伤害的规定，遂向区人民政府申请行政复议。

【复议办理】

行政复议机构审查认为，本案争议焦点为申请人所发生的事故是否在完成订单后返回居所的合理路线途中。行政复议机构举行听证会，前往交警部门核对确认事故发生时间，召开行政复议委员会案审会，针对争议焦点进行研讨论证，认为根据事发时间和事发地点判断，申请人完成订单下线后的去向具有返回居所途中之可能，被申请人未对具体去向调查核实清楚，简单以申请人处于下线状态认定其没有在执行平台订单任务，属于事实认定不清。经行政复议机构指出问题，被申请人重新启动调查程序，结合复议阶段查明的事实，认定申请人系在执行平台订单任务返回日常居所的合理路线途中发生交通事故，符合《保障办法》相关规定，遂作出确认职业伤害结论书。由于被申请人自行纠错，申请人自愿撤回行政复议申请。行政复议机构在办案过程中发现，被申请人将职业伤害调查工作全权委托给商业保险机构的做法存在一定风险，直接影响对劳动者合法权益的及时有效保障。针对这一问题，行政复议机构要求被申请人进一步健全完善新业态从业人员职业伤害调查审核流程，切实履行职业伤害调查主体责任。被申请人落实以案促改要求，一是在审核程序中增加再次听取当事人意见环节，结合商业保险机构核查情况，对案件事实进行核查确认；二是对不予确认职业伤害的案件审查增设一道审核流程，重点审查常见争议问题；三是加强对商业机构调查工作的指导，督促其更全面、精准进行调查。为增强指导针对性，行政复议机构还向商业保险机构制发建议函，建议其严格规范职业伤害调查流程，把握新业态从业人员工作时间和工作地点非固定性的特点，全面调查核实事故情况，综合认定当事人工作状态，商业保险机构也对此进行了相应完善。

【典型意义】

新业态具有劳动关系灵活、工作内容多样、工作方式弹性、创业机会互联等特点。第九次全国职工队伍状况调查数据显示，我国以快递员、外卖配送员、网约车司机等为主要群体的新业态劳动者已达8400万人，占职工总数近21%，依法保护其权益是行政机关的重要职责。行政复议要通过个案纠错和类案的治理预防，对行政机关在履行保障责任上的缺位、错位进行监督，为新业态发展提供法治支撑。本案中，行政复议机构举行听证会，开展实地调查，组织行政复议委员会案审会，促成了被申请人自行纠错。在此基础上，行政复议机构从完善职业伤害调查审核流程的维度，向行业主管部门提出执法整改建议，推动被申请人进一步明确其职业伤害调查的主体责任，建立了更严谨的审核标准和流程，提升了新业态从业人员职业伤害认定的规范化水平，实现了“办理一案、治理一行”的良好效果。

案例一专家点评

个案审理与制度建议联动　以点带面推进法治政府建设

——许某不服上海市某区人力资源和社会保障局行政确认行政复议案

展鹏贺[①]

围绕着发挥化解行政争议的主渠道功能，新修订的行政复议法在规范设置上着力形成个案纠错与整体纠偏的前后联动，在“治已病”的同时，“抓前端、治未病”，以点带面推动提升行政执法的规范化水平，实现办理一案、治理一行、惠及一片的良好示范效果，助力法治政府建设。本案中，行政复议机构一方面充分利用听证等法律规定的审理方式，准确指出被申请人在个案决定中存在的事实认定不清问题，促成被申请人自行纠错；另一方面通过制发行政复议意见书等方式，对行政机关在履行保障责任上的缺位、错位进行监督，促进新兴领域行政执法制度体系的完善。一、发挥复议审理的调查作用，及时纠正行政违法行

① 湖南大学法学院副教授。

为。精准查明案件事实是行政复议实质性化解行政争议的前提。新修订的行政复议法在规范内容上重点完善了行政复议审理程序制度，打破了长期以来以书面审查为主的审理原则。第四十九条规定："适用普通程序审理的行政复议案件，行政复议机构应当当面或者通过互联网、电话等方式听取当事人的意见，并将听取的意见记录在案。因当事人原因不能听取意见的，可以书面审理。"在此基础上，为了便于行政复议机关查清事实，准确定位争议问题，行政复议法第五十条规定了行政复议审理程序的听证制度。根据该条规定，除重大、疑难、复杂的行政复议案件应当进行听证外，行政复议机构可以根据需要自由裁量是否组织听证，保障事实调查的全面性和准确性。本案中，争议的焦点在于申请人所发生的交通事故是否属于平台从业人员在完成平台订单任务后返回居所的合理路线途中。行政复议机构还在案件审理中，充分利用听证等制度，发现被申请人在作出原行政行为时，存在未充分考虑申请人主张可能性的情形，属于事实认定不清。经被申请人重启调查程序，及时纠正违法行为，体现了新修订的行政复议法关于个案审理程序的制度设置对于化解行政争议，监督保障行政机关依法行使职权，保障公民、法人和其他组织合法权益的积极作用。二、激发行政复议意见书的预防功能，系统提升执法规范水平。通过纠正违法实现对行政机关依法行使职权的监督，防止同类违法情形重复发生，是实质性化解行政争议的重要方面。对此，新修订的行政复议法坚持"办理一案、规范一片"的目标导向，规定了行政复议意见书制度，将个案纠偏与系统预防相衔接，以个别争议解决带动整体制度完善。当前，新技术、新业态蓬勃发展，对法治政府建设提出了更高的制度要求。行政机关需要针对不断涌现的新情况、新问题，严格规范并不断改进行政执法规则和行政调查流程，切实保障公民、法人和其他组织的合法权益。本案中，行政复议机构在办案过程中发现，被申请人将职业伤害调查工作全权委托给商业保险机构的做法存在一定风险，不能及时有效保障劳动者的合法权益。通过与人力资源和社会保障部门沟通，行政复议机构就建立完备的新业态从业人员职业伤害调查审核流程提出建议，提升了从业人员职业伤害认定的规范化水平，实现了同类行政争议的源头预防、实质化解和长远治理，推动提升了法治政府建设水平。

案例二　朱某不服安徽省某交警大队行政处罚行政复议案

【关键词】

规范电子警察执法　行政执法告知　行政处罚　复议调解　自行纠错

【基本案情】

2023 年 6 月至 9 月期间，申请人朱某驾驶小型轿车经过安徽省某市两条道路交叉口时，因未按照规定使用安全带，被交警部门的电子警察抓拍 46 次并上传系统。2024 年 2 月，申请人发现这个问题后，自行到交警部门处理上述交通违法行为。被申请人安徽省某交警大队根据《中华人民共和国道路交通安全法》规定，作出 46 份《公安交通管理简易程序处罚决定书》，内容均为对申请人罚款 100 元并记 1 分。申请人对该 46 份行政处罚决定书不服，向市人民政府申请行政复议。

【复议办理】

行政复议机构调查发现，申请人车辆信息中绑定的手机号码早已停用，因此，尽管每次违法行为发生后交警部门均向该手机发送了处罚告知信息，但申请人始终不知情。《道路交通安全违法行为处理程序规定》规定，机动车有五起以上未处理的违法行为记录，当事人未在三十日内接受处理且未申请延期处理的，交警部门应当按照备案信息中的联系方式，将拟作出行政处罚决定的事实、理由、依据以及依法享有的权利告知当事人。当事人未在告知后三十日内接受处理的，交警部门可以公告。行政复议机构认为，本案中由于交警部门未能有效告知当事人，也未履行公告义务，导致申请人在同一地点多次受到相同的行政处罚，交警部门亦有一定责任。同时，被申请人简单累加处罚的做法也违背了《中华人民共和国行政处罚法》《道路交通安全违法行为处理程序规定》确定的“处罚与教育相结合的原则”。为彻底化解行政争议，行政复议机构组织双方当事人进行调解，指出被申请人没有有效告知、没有履行公告义务、行政执法过于机械等问题，被申请人接受后启动自行纠错程序，主动撤销了后41份处罚决定书。行政复议机构针对申请人不系安全带违反法律规定、更换手机号码后未及时告知交警部门、怠于了解自己的交通违法状况等问题进行释法说理，申请人认识到自己的错误，认同了前5份行政处罚决定并积极履行，撤回了后41份行政复议申请。行政复议机构结合本案及之前发生的类似交通处罚案件分析发现，电子警察执法后因未有效告知，导致当事人不能即时知悉交通违法行为并改正的问题多发，由此引发的行政争议日渐增多。行政复议机构建议交警部门以案促改，采取措施改进交通违法信息告知工作，以减少交通违法领域的行政纠纷；并对电子警察执法加大人工审核力度，避免出现机械地累积计算违法行为。交警部门密切配合，对近期2万余件电子警察的执法案件进行梳理复查，存在问题的主动自我纠错；强化人工审核机制，对电子技术监控设备收集、固定的违法事实加大人工审核力度，发现异常情况及时联系车主；通过多种渠道提醒车主变更联系方式或车辆所有权后及时告知交警部门。经整改，相关执法行为得到了进一步规范，2024年1-10月该市因电子警察执法引发的行政复议案件同比下降38%，交通违法领域的行政复议案件案前和解率达46%。

【典型意义】

随着行政执法信息化程度日益提高，电子警察执法成为社会生活中的常见现象。对这类执法行为如何进行纠错和规范，是行政复议更好发挥监督功能面临的一个新课题。新修订的行政复议法规定，对依据电子技术监控设备记录的违法事实作出的行政处罚决定不服申请行政复议的，可以通过作出处罚的行政机关提交行政复议申请，为行政机关发现执法问题并自行纠错提供了空间。本案中，行政复议机构在查清事实、正确适用法律前提下，组织当事双方进行调解，促成了行政机关自行纠错和申请人撤回复议申请，实现了“案结事了”。同时，从规范执法行为出发，向行政机关指出电子警察执法行为的短板问题，促成行政机关对 2 万余件同类执法案件进行复查，存在问题的自我纠正，采取加大审核力度等改进措施，加强了争议的源头治理，有效推动了以案促改、以案促治。

案例二专家点评

非现场执法的正当程序与自行纠正

——朱某不服安徽省某交警大队行政处罚行政复议案

谭冰霖[1]

随着人工智能和信息技术的深度赋能，以电子警察为代表的非现场执法方式在实践中广为应用。在极大提升执法效能、有效节约执法成本的同时，非现场执法也存在侵蚀当事人程序权利、重处罚轻教育、简单

① 中南财经政法大学现代行政法研究中心执行主任、研究员。

机械执法等潜在法治风险，容易引发行政争议。本案中，行政复议机构重点从程序正当合法、处罚与教育相结合等方面对非现场执法行为进行审查和调解，督促被申请人自我纠错、举一反三，有助于行政争议实质化解和源头治理，具有示范推广价值。一、非现场执法的正当程序不同于传统执法手段，非现场执法具有隐蔽化、自动化特点，可能存在不当侵蚀当事人程序权利的风险。因此，行政处罚法第四十一条规定，电子技术监控设备记录违法事实“未经审核或者经审核不符合要求的，不得作为行政处罚的证据”“行政机关应当及时告知当事人违法事实，并采取信息化手段或者其他措施，为当事人查询、陈述和申辩提供便利”。《道路交通安全违法行为处理程序规定》第五十四条具体规定了交警部门对多次违法当事人的告知和公告义务。在非现场执法中，行政机关未妥当履行告知义务致使当事人重复违法，不仅侵犯当事人程序权利，而且行政处罚本身也可能因当事人不具备主观过错而涉嫌违法。本案中，行政复议机构不仅指出交警部门未能有效告知当事人的程序瑕疵，而且建议其以案促改，加大对电子技术监控设备收集、固定违法事实的法制和技术审核力度，保障了当事人的程序权利，彰显了程序正当的法治原则。二、处罚与教育相结合。制裁只是手段，教育公众守法、预防再次违法才是处罚的根本目的。由于非现场执法的非接触性特点，可能导致行政机关与当事人之间缺乏沟通。一方面，可能导致非现场执法“重处罚轻教育”，违背行政处罚法第六条确立的处罚与教育相结合原则；另一方面，由于当事人不知已经违法、为何违法，简单累加处罚无法起到改过自新、预防违法的效果。本案中，行政复议机构在调解中指出申请人不系安全带违反法律规定、更换手机号码后未及时告知交警部门等错误，并获得申请人的认同，体现了处罚与教育相结合原则，有助于纠正和预防违法行为。三、自行纠错和源头治理。根据《中华人民共和国行政处罚法》第七十五条第二款规定，行政机关实施行政处罚应当接受社会监督……发现有错误的，应当主动改正。根据新修订的行政复议法第三十二条规定，对当场作出或者依据电子技术监控设备记录的违法事实作出的行政处罚决定不服申请行政复议的，可以通过作出行政处罚决定的行政机关提交行政复议申请。行政机关收到行政复议申请后，应当及时处理。本案行政复议机构不仅在调解中依法促成行政机关主动撤回后41份行政处罚决定书，而且建议交警部门“举一反三”对同类案件进行复审，完善违法信息告知措施，有助于推动源头治理。

案例三　田某不服重庆市某人力资源和社会保障局“预审驳回”决定行政复议案

【关键词】

完善政策落实机制　科技奖励　提高退休待遇　自行纠错

【基本案情】

2000年2月3日，因申请人田某为发动机领域的科技进步作出重大贡献，重庆市人民政府授予其“1999年度重庆市科学技术进步二等奖”。2023年3月14日，申请人以其获得上述奖项为由，向被申请人重庆市某人力资源和社会保障局申请办理“提高退休待遇比例”。被申请人依据《国务院关于深化企业职工养老保险制度改革的通知》关于“职工获得劳动模范等称号时，由奖励单位给予一次性奖励或由本单位为其办理补充养老保险，离退休时不另外提高基本养老金计发标准”，以及《重庆市企业职工基本养老保险实施办法》关于“1998年7月1日后获得劳动模范称号的，由授奖单位给予一次性奖励或为其办理补充养老保险，退休时不再增发基本养老金”等规定，认为申请人所获奖项不符合提高退休待遇比例的政策规定，于申请当日作出“预审驳回”

决定。申请人不服，向市人民政府申请行政复议。

【复议办理】

行政复议机构审查认为，本案争议焦点是将申请人所获的“1999年度重庆市科学技术进步二等奖”认定为属于“劳动模范等称号”是否合理。“科学技术进步奖”系为了奖励在科学技术领域作出重大贡献的人员，而“劳动模范等称号”系授予在生产建设中工作成绩卓著者的一种荣誉称号，两者明显不同。本案中，申请人所获奖项属“科学技术进步奖”范畴，符合《重庆市人民政府关于对做出重大贡献的退休人员提高退休费比例的通知》等文件关于获得“科学技术进步奖”的企业职工应当提高退休待遇比例的规定。被申请人将其界定为“劳动模范等称号”，进而作出“预审驳回”决定，属于认定事实不清、证据不足、适用依据错误。经行政复议机构指出问题，被申请人重启审批程序，就申请人的申办事项重新进行审查，认定申请人符合享受提高退休待遇比例的政策条件，即刻通知申请人到场为其申请开辟绿色通道，快速完成审批兑现。申请人撤回行政复议申请，行政复议终止。行政复议机构在案件办理过程中了解到，全市获得“科学技术进步奖”等荣誉称号但未享受提高退休待遇比例、基本养老金等政策的企业职工逾千人，有必要进行类案规范。针对行政机关存在的政策理解适用不准确、落实不到位问题，行政复议机构建议被申请人完善科技奖励政策有效落实的工作机制，推动“即申请即办理”。被申请人专门组织研究论证，全面系统梳理符合政策人员情况，研判政策落实所需保障及效果，决定为全市获得“科学技术进步奖”等荣誉称号企业职工提高退休待遇比例工作建立政策落实通道，承诺“即审批即兑现”，全市获得相关奖励企业职工退休待遇普遍提高5%至15%，基本养老金普遍提高3%至9%。

【典型意义】

科技奖励政策是国家激发创新创造活力的重要举措。行政复议机关通过监督行政机关的行政行为，促使其健全相关工作机制，确保有关奖励政策准确适用和有效落地。本案中，行政复议机构准确厘清“科学技术进步奖”与“劳动模范等称号”的区别，准确适用相关规定，推动行政机关重启审批程序，解决了申请人的合理诉求。同时，主动提升行政复议办案社会效果，对行政机关如何正确适用政策进行精准指导、科学示范，打通了奖励政策落实的痛点、难点、堵点，由点及面解决长期存在的政策落实“难题”，为所有符合条件的企业职工提高退休待遇比例建立了机制“通道”，实现了“即审批即兑现”，把党和政府鼓励科技创新的政策关怀落到实处，推动营造尊重科技尊重人才的社会氛围和创新环境，为科技创新提供了法治保障。

案例三专家点评

发挥行政复议化解行政争议的主渠道作用
法治助力教育科技人才一体改革发展

——田某不服重庆市某人力资源和社会保障局“预审驳回”决定行政复议案

姚金菊[①]

新修订的行政复议法在立法目的中强调“发挥行政复议化解行政争议的主渠道作用，推进法治政府建设”，该案例是行政复议实质性化

① 北京外国语大学法学院教授、中外教育法研究中心主任。

解争议、加快推进主渠道建设的有力诠释，是法治支持、落实和保障党的二十大报告“教育、科技、人才是中国式现代化的基础性、战略性支撑”“统筹推进教育科技人才体制机制一体改革”的生动实践，充分彰显了依法行政对进一步全面深化改革、推进中国式现代化的意义。一、及时有力保护个体权益。该案中行政复议机构明确区分“科学技术进步奖”与“劳动模范等称号”的性质，指出“科学技术进步奖”属于为奖励在科学技术领域有重大贡献人员而设立的奖项，与“劳动模范等称号”的荣誉称号属性不同，认为被申请人认定事实不清、证据不足和适用依据错误。同时，注意解决纠纷的方式方法，通过组织召开专题座谈会等方式促使被申请人纠正原决定，从而有效化解了行政争议，充分保护了申请人的合法权益。二、类案处理源头化解纠纷。行政复议机构办案过程中对其他获得同类“科学技术进步奖”却未得到提高退休待遇比例的企业职工进行类案处理，充分体现了行政复议既重视个案纠错又重视类案规范，监督行政机关依法行使职权的力度不断加大、深度不断提升。司法部《关于进一步加强行政复议调解工作推动行政争议实质性化解的指导意见》要求全面强化“行政争议源头治理工作”“加强类案对比”，以充分发挥行政复议化解行政争议的主渠道作用。本案中，行政复议机构主动与被申请人就相关科技奖励政策的适用问题充分沟通论证，科学高效地开展类案规范，提升了行政复议机关对行政行为的监督质效，切实保障该市所有获得同类“科学技术进步奖”的职工退休待遇权益得到依法保障，实现了源头治理，有效防止了类似行政纠纷发生。三、法治助力科技政策实施。教育、科技、人才是中国式现代化的基础性、战略性支撑。“要统筹实施科教兴国战略、人才强国战略、创新驱动发展战略”，就要落实包括科技奖励在内的法律法规和政策。科技奖励作为《中华人民共和国科学技术进步法》《国家科学技术奖励条例》明确规定的重要制度，有利于激励科技创新、激发科技人才创新热情，推动建设科技强国。该案作为典型案例，有利于推动行政机关坚持“尊重劳动、尊重知识、尊重人才、尊重创造”的价值导向，准确理解和切实执行科技奖励政策，统筹推进教育、科技、人才一体发展，是系统推进全面履行政府职能、以法治保障中国式现代化的生动体现。

案例四　邓某不服广东某医科大学撤销临床医学硕士学位行政复议案

【关键词】

健全处理标准　学术不端　撤销学位　撤销原行政行为　系统整治

【基本案情】

2020年4月，申请人邓某在被申请人广东某医科大学攻读临床医学硕士期间，以其为第一作者、导师为通讯作者，就内容基本相同的论文分别以中文、英文向国内外不同期刊投稿并被同时发表。2021年6月，申请人取得被申请人临床医学硕士学位并于同年考取该校博士研究生。之后，被申请人收到他人关于申请人一稿多投、重复发表的举报，认定涉案2篇文章为一稿多投和重复发表，构成学术不端，遂依据《某医科大学学术道德规范及实施细则》（校科字〔33号〕，以下简称33号校规）等，决定撤销申请人的硕士学位。申请人不服，向省人民政府申请行政复议，请求撤销被申请人作出的决定。

【复议办理】

行政复议机构审查认为，高等学校依法具有相应的教育自主权，但是其制定的校纪、校规和据此进行的教学管理和违纪处分，必须符合法律法规规章的规定，必须尊重和保护当事人的合法权益。根据《中华人民共和国学位法》规定，学位申请人或者学位获得者对不受理其学位申请、不授予其学位或者撤销其学位等行为不服的，可以向学位授予单位申请复核，或者请求有关机关依照法律规定处理。据此，当事人对高等学校作为法律法规规章授权组织撤销学位不服的，有权申请行政复议。本案审查重点不是“一稿多投、重复发表”是否可作为撤销学位情形的实体判断，而在于撤销学位处理行为的适用依据和标准、处理程序等是否合法适当。《高等学校预防与处理学术不端行为办法》（以下简称《处理办法》）要求，高等学校应当结合学校实际和学科特点，制定本校学术不端行为查处规则及处理办法，明确各类学术不端行为的惩处标准。有关规则应当经学校学术委员会和教职工代表大会讨论通过。行政复议机构查明，被申请人未按上述要求制定本校办法，撤销学位依据的 33 号校规制定于《处理办法》之前，且未经学校学术委员会和教职工代表大会讨论通过，属于适用的依据不合法。被申请人在处理过程中未保障申请人陈述和申辩的权利，构成程序违法；未合理证明处理措施与申请人行为的事实、性质、情节及社会危害程度是否相当，直接采取了最严厉的处理措施，存在过罚不当问题。据此，行政复议机构依法作出撤销的行政复议决定。为发挥源头规范的监督效能、实现系统整治的监督效果，行政复议机关一方面向被申请人制发《行政复议意见书》，要求其做好案件善后工作，并尽快依法依规制定学术不端行为查处规则及处理办法。另一方面，建议省教育行政部门对省内高校开展一次检查调研，全面掌握全省高校各自制定的预防与处理学术不端行为实施细则与上位法衔接情况，适时联合有关部门出台科学合理的指导性意见。被申请人及时整改并按时向行政复议机构报送了意见书履行情况。省教育行政部门组织开展了检查并着手研究制定有关指导意见。

【典型意义】

依法保护受教育权是相关行政机关及其授权组织的法定职责。高等院校的学位授予、学位撤销行为事关学生的受教育权，事关学术自治，必须建立明确的标准予以规范。本案中，行政复议机构针对撤销学位决定在适用依据、处罚适当性、程序正当方面存在的问题，作出撤销的行政复议决定的同时，向被申请人制发《行政复议意见书》，督促其做好案件善后工作并尽快依法依规制定相关处理标准，为规范同类行为提供了依据。为达到系统施治效果，行政复议机构又专门督促教育行政部门对全省高校自行制定的学术不端行为处理办法与上位法衔接情况进行全面检查调研，适时出台指导意见，进一步提升了监督效能，切实做好行政复议监督行政行为的“后半篇文章”。

案例四专家点评

依法规范处理学术不端行为　确保行政行为合法适当

——邓某不服广东某医科大学撤销临床医学硕士学位行政复议案

姚金菊[①]

新修订的行政复议法明确规定行政行为包括法律、法规、规章授权组织作出的行政行为。本案涉及学位授予、撤销等事宜，对保持高校依法行使职权、维护个体合法权益与维护学术诚信秩序、保障高质量教育之间的平衡具有重要意义。一、学术不端依法可以撤销学位。学术不端零容忍已经形成共识。《中华人民共和国学位法》《中华人民共和国学

① 北京外国语大学法学院教授、中外教育法研究中心主任。

位条例》《高等学校预防与处理学术不端行为办法》等规定了学术不端的内容，“学术不端”确实属于可以撤销学位的法定情形。但某种行为依据何种依据判断为学术不端，对学术不端如何严格治理，仍然需要依法进行。高等学校作为法律法规规章授权组织，当然有权行使学术管理权力、对学术不端行为依法撤销学位，但学术自治、高校自主均应遵循行政法治原则，平衡学术不端治理的学术秩序维护和学生个体权益保障之间的利害关系，确保行政行为具有合法性和适当性。二、高校自主权力需要依法行使。本案中被申请人未按《高等学校预防与处理学术不端行为办法》的要求制定本校规章，而是依据该办法实施前未经校内正式程序讨论通过的 33 号校规决定撤销申请人硕士学位，且未能保障申请人的陈述和申辩权利，存在适用依据不合法、程序违法等多个问题。行政复议机构对作为行政行为依据的 33 号校规依法审查，基于制定程序和内容不明确而否认该规范作为依据的合法性，同时并未对“一稿多投、重复发表”可否作为撤销学位情形直接作出实体判断，充分体现了行政复议机构对高校的审慎监督，既实现了行政复议对违法或不当行为的纠正目的，又指出了高校要遵循法定程序、依法行使权力，同时尊重了高校的自主空间。

陕西省高级人民法院发布
实质化解行政争议典型案例

（2024 年 11 月 20 日）

目　　录

案例 1　张某某诉某区政府撤销安置补偿协议案

【基本案情】

刘志某系刘建某的父亲，刘建某系张某某的岳父。刘建某集体土地上的房屋位于棚户区改造范围内。2018 年，刘志某作为被拆迁人与行政机关签订了《房屋征收补偿安置协议》，该协议中包含张某某的补偿权益。张某某认为该户的户主系刘建某，安置补偿协议应由刘建某代表该户与行政机关签订，故诉至法院，请求撤销刘志某与行政机关签订的《房屋征收补偿安置协议》。一审法院以张某某超过撤销权的行使期限为由裁定驳回张某某的起诉。张某某不服，提起上诉。

【处理结果】

二审法院审理中，发现张某某对《房屋征收补偿安置协议》的内容并无异议，仅是希望通过撤销之诉变更协议签订主体。并了解到本案真正的争议是家庭成员之间对刘志某（83 岁）赡养的民事争议。为实质化解本案纠纷，二审法院改变审理思路，从真正解决群众问题、一并解决民事争议的角度出发，针对刘志某的赡养问题开展了大量调解工作。最终，在法庭主持下，刘志某与其孙女刘某签订了《遗赠扶养协议》，刘志某的赡养问题得以顺利解决。张某某撤回上诉，刘志某撤回另一起分家析产的民事诉讼。

【典型意义】

老有所养、老有所依是人民群众最关心最直接最现实的利益问题之一，也是习近平总书记牵挂的大事。行政诉讼不仅要解决行政争议，更重要的是要解决人民群众的急难愁盼问题。实质解决争议，才是审理案件的最终目的。本案审理中，法院坚持以人民为中心的司法理念，采取穿透式的审理方式，挖掘隐藏在行政诉讼表象下的家庭矛盾纠纷，通过多次耐心释法劝解、与基层组织联合调解等方式，最终促成争议实质化解，达到“事心双解”效果。真正实现了一案解一事，厚植党执政的群众基础，增强了人民群众的获得感、幸福感、安全感。

案例2　罗某诉某县民政局撤销婚姻登记案

【基本案情】

2003年4月19日，罗某与刘某登记结婚。2008年夏，刘某离家出走，一直未归。罗某于2021年向法院提起民事诉讼，请求解除其与刘某的婚姻关系。法院经审理认为，罗某提供的证实刘某身份信息的材料和线索都无法确定刘某的真实身份，遂作出民事裁定驳回罗某的起诉。罗某多年来通过信访等方式仍未解决其婚姻问题。2023年6月12日，罗某以某县民政局为被告提起行政诉讼，请求撤销2003年4月19日某县某乡政府为其与刘某颁发的结婚证。

【处理结果】

法院受理该案后，初步审查认为罗某的起诉超过了起诉期限，但结合庭审中原、被告双方提供的证据及某县民政局的答辩，罗某的婚姻登记可能存在涉嫌利用虚假身份信息进行婚姻登记的情形，直接裁定驳回起诉会对罗某的生活造成严重影响。为实质化解行政争议，减少当事人诉累，法院依据《最高人民法院、最高人民检察院、公安部、民政部关于妥善处理以冒名顶替或者弄虚作假的方式办理婚姻登记问题的指导意见》第一条第三款的规定，向某县民政局发出司法建议，建议其对相关情况进行审核处理。某县民政局收到司法建议后，经研究作出撤销婚姻登记决定书。后罗某申请撤诉，该婚姻登记纠纷得到实质性化解。

【典型意义】

婚姻登记与撤销，关乎人民群众切身利益。人民法院在本案审理过程中延伸审判职能，在充分了解婚姻登记机关自我纠错存在难点的情况下，通过实地调查核实情况，查明案涉婚姻存在以弄虚作假的方式办理婚姻登记的情形后，以“如我在诉”的为民情怀，有针对性地发出司法建议，推动行政机关启动自我纠错程序，合理解决当事人的维权难题。将行政争议化解在诉讼中，既有效维护了当事人的合法权益，又节约了行政成本和司法成本，让人民群众在司法案件中真切感受到公平正义。

案例 3　秦某公司诉某市市场监督管理局行政处罚案

【基本案情】

某市市场监督管理局受理各某公司的投诉，经调查认定秦某公司在未经各某公司同意的情况下生产并销售某乐牌沙棘醋口服液，违法经营额为 336 元。之后，某市市场监督管理局依据商标法第六十条第二款及《陕西省规范行政处罚自由裁量权规定》，对秦某公司作出罚款 26000 元的处罚决定。秦某公司不服该处罚决定，提起行政诉讼。

【处理结果】

再审法院审理认为，针对行政违法行为情节较为轻微、社会危害性较小等法律规定的从轻、减轻行政处罚的情形，应兼顾行政目的的最佳效果和对相对人的最小侵害等裁量因素进行综合考量。本案中，某市市场监督管理局作出的处罚决定，处罚金额明显过罚不当，遂依据行政诉讼法第七十七条第一款的规定，直接判决变更处罚数额为5000元。各方当事人对判决结果和法院工作均表示认可，秦某公司缴纳了罚款，案涉行政争议得到实质化解。

【典型意义】

本案中，某市市场监督管理局未能对秦某公司违法销售金额、传播范围、造成的负面影响以及对各某公司造成的损害等因素进行综合、全面的考量，对秦某公司的惩戒力度明显超过了其造成的损害结果。再审法院没有判决撤销并责令重作，而是通过分析该案成因及违法行为的事实，依据行政诉讼法第七十七条第一款的规定，依法行使变更权作出变更判决，体现了过罚相当、精准裁判的原则。法院判决直接确定行政处罚的处理结果，更有利于行政争议的实质化解，对类似争议处理具有很好的示范作用。

案例4　赵某等人诉某区政府行政强制及行政赔偿案

【基本案情】

赵某等人因不服某区政府强制清除其地上附着物的行为，提起诉讼，请求确认强制清除其地上附着物的行为违法并赔偿损失。经一审、二审法院审理，判决确认某区政府强制清除赵某等人地上附着物的行为违法并赔偿地上附着物损失5600余元。双方均表示服判息诉。

【处理结果】

二审审理中，承办法官发现在案涉争议外，双方当事人还存在房屋拆迁及宅基地划拨等纠纷未解决，遂积极开展协调化解工作，试图一并解决双方纠纷。但因某区政府资金无法及时到位，故在二审中未能促成调解。结案后，某区政府联系二审法院称资金已全部到位，希望法院能够出面开展协调化解工作。二审法院与赵某等人多次沟通，最终确定先由双方签订拆迁安置协议，某区政府在将协议款项转入法院账户的同时向赵某等人划拨新宅基地，赵某等人向某区政府交付房屋，再由法院将协议款项转给赵某等人的解决方案，得到了双方当事人的认可和支持。双方在友好的氛围下，顺利实现了“交房领款，新房开建”的双赢目的，争议得以圆满解决。

【典型意义】

征收补偿案件，往往因为各种原因，被拆迁人与行政机关始终达不成协议，不仅无法实现行政目的，还使被拆迁人处于无援的状态，最终发展成为强制拆除案件，诉至法院。此次法院化解的纠纷是当事人在地上附着物赔偿案件已结案四个月后，行政机关与行政相对人因互相缺乏信任无法就房屋拆迁问题达成协议而产生的。被拆迁人与行政机关虽均对补偿金额没有异议，但对补偿资金如何兑付、新宅基地如何划拨等问题产生争议。行政机关为尽快完成拆迁补偿工作，请求法院居中协调。法院积极作为，发挥审判延伸服务职能，主动为双方当事人就信任基础“搭台子”“出点子”，积极为“未立之案”做协调工作。最终，采取法院居间划转补偿款的方式为当事人双方搭起信任的桥梁，促成当事人与行政机关签订房屋拆迁安置协议，完成“交房付款”，实现案外纠纷“一揽子”彻底解决，取得了政府满意、群众高兴的良好效果。

案例5　田某某诉某区政府行政协议无效案

【基本案情】

田某某的父母（已去世）在某村有宅基地及房屋一处，田某某与其兄田某甲均已成家，两家户内成员共有6人。2017年，案涉宅基地及房屋被征收，田某甲作为户主代表全家6人签订了房屋征收安置补偿协议。田某某以某区政府至今未给其任何补偿安置为由提起诉讼，请求某区政府依法给予其补偿安置。法院经审理认为，田某甲与某区政府已就整院宅基地及房屋签订征收安置补偿协议，现田某某要求某区政府履行安置补偿职责缺乏事实依据，判决驳回田某某的诉讼请求。田某某不服，认为其系独立一户，有权获得单独安置补偿，案涉安置补偿协议的内容与事实不符，另行提起本案诉讼，请求确认田某甲与某区政府签订的安置补偿协议无效。

【处理结果】

二审法院在审理中查明，田某某的实质诉请是在房屋回迁时由其选房并将房屋登记在其名下。但某区政府坚持认为，安置房的选房必须以安置补偿协议约定的户为单位进行，由户主进行选择且初次登记只能登记在户主名下。二审法院找准案件症结所在，组织西安市行政争议预防调处中心、某村人民调解委员会等单位多次调解，促成田某某与安置补偿协议内的其他5名被安置人员达成调解协议：约定140平方米房屋由田某某持登记名为田某甲的选房卡选房并登记到田某某名下，并向田某某支付部分补偿款。二审法院出具调解书对上述调解协议内容予以确认。

【典型意义】

集体土地征收过程中，“一户一宅”的基本原则不仅体现在对安置人员是否应以一户进行安置，同时，在实践中亦延伸到签订安置补偿协议及后续的安置房选房等各个环节。但在两户共同使用一院宅基地并签订一份安置补偿协议后，户内成员自行对安置补偿权益进行分割的情况下，因补偿协议签订后的履行过程涉及安置补偿协议的审核、审计及后续安置房的选房、补偿款的支付等多个环节，且周期较长，故征收部门对被征收人看似合理的要求难以处理，引发当事人提起多起诉讼，仍然不能实现其合理诉讼目的。在此情况下，二审法院针对当事人的实质诉讼请求进行调解，在不突破行政机关制定的并在征收范围内已广泛适用的征收安置补偿方案的情况下，通过对户内成员的民事争议一并进行调解，既维护了行政机关征收规则和秩序，又彻底化解了当事人的实质争议，取得了良好的效果。

案例6　刘某等10余人诉某管委会不履行行政补偿职责系列案

【基本案情】

刘某等10余人均系某管委会辖区某村村民，且均为因出生随其母落户该村、其所在户户主的孙子女辈。后该村进行集体土地征收，某管委会认为根据该辖区集体土地房屋拆迁补偿安置办法及该村补偿安置方案，刘某等10余人不应享受该村拆迁安置利益。刘某等10余人认为征收部门不履行行政补偿职责，遂提起诉讼，请求某管委会履行补偿职责。

【处理结果】

该系列案进入诉讼程序后，法院了解到该辖区涉及的同类情况可能产生诉讼的案件有四五百件，且未获得补偿安置利益的绝大多数为未成年人。合议庭经审查认为案涉安置补偿标准不够合理、完善。为实质化解争议，法院及时向某管委会发出《行政争议实质化解建议函》，打通行政机关主动履行职责的障碍。最终，当事人签订《实质性化解争议确认表》达成和解，妥善化解了该系列案件。通过该次实质化解的示范作用，明确了此类情形的处理标准，促进某管委会进一步调整完善辖区集体土地房屋拆迁补偿安置管理办法，从源头有效防止了类似行政争议的发生。

【典型意义】

习近平总书记曾深刻指出，要坚持和发展新时代“枫桥经验”，把非诉讼纠纷解决机制挺在前面，推动更多法治力量向引导和疏导端用力。本案所涉集体土地征收范围广、项目多，法院以“站在末端看前端”的思维，深挖行政争议根源，为行政机关依法行政提出合理化建议。以《行政争议实质化解建议函》的形式提升行政机关参与化解的积极性，不仅实现了该批行政争议的实质化解，有效保护了案涉未成年人的合法权益，还以个案“小支点”推动完善了某管委会辖区补偿安置工作，预防批量诉讼的产生。“审一案、推全案、管类案、减量案”成为多元解纷的新常态。

案例 7　孟某等 78 人诉某管委会、某区住建局不履行行政处理职责系列案

【基本案情】

孟某等 78 人于 2017 年分别购买某小区房屋一套，但因房屋设有在建工程抵押登记，因此，一直未能办理网签备案登记。孟某等 78 人遂向某管委会及某区住建局递交履职申请，要求其履行法定监管职责，督促开发商为原告所购买的房屋进行网签备案登记。之后，孟某等 78 人认为某管委会及某区住建局对该履职申请未予处理，遂提起 78 起行政诉讼。

【处理结果】

该批系列案虽为不履行行政处理职责之诉，但孟某等 78 人的实质诉求是为房屋办理网签备案登记，且除孟某等 78 人外，该小区仍有 70 余户未能办理房屋网签备案登记，如果仅依法作出裁判并不能解决当事人的实际问题。为妥善处理好该批群体性行政案件，承办法官与多家行政机关沟通，就案件事实、法律适用等问题进行座谈，与案外抵押权人取得联系，邀孟某等 78 人的诉讼代表人及各级行政机关工作人员召开 6 次化解协调现场会议，就行民交叉问题、登记办理条件及方式反复商议，最终达成化解方案。经一一落实，通过某住建部门设立的集中审批平台成功为包括孟某等 78 人在内的 142 户业主办理了网签备案登记。原告自愿撤回起诉，该系列纠纷得到了圆满解决。

【典型意义】

“民以居为安”，本系列案是历史遗留问题导致的不动产“登记难”案件，事关人民群众切身利益，具有行政、民事法律关系相互交织、涉及人数多、处理难度大等特点。如仅依法作出裁判，案结事不了，便有可能引发关联、衍生诉讼不断产生。正是基于此，人民法院没有就案办案，而是根据案件实际情况，找准案件症结所在，坚持系统处理，全面解决，依托行政争议多元化解工作机制使多方参与化解工作，发挥全部合力，促成行政争议的实质性化解。既避免了矛盾纠纷在行政、民事案件中程序等待和程序空转，又实现了相关诉讼“一揽子”解决，最终取得了“三个效果”的有机统一。

案例8　王某朝等112人诉某区政府行政协议系列案

【基本案情】

为更好地提升秦始皇帝陵博物院景区周边环境，促进企业转型升级，某区政府作出《国有土地上房屋征收决定》，开始对秦始皇帝陵周边某缝纫机厂社区整体搬迁。该项目系市、区两级政府重点建设项目，涉及群众近4000户。王某朝等群众主动将其房屋交予拆迁指挥部并签订《协议》，约定十五个工作日内支付安置补偿款。《协议》签订后，某区政府以审核尚未结束、资金未到位等为由一直未支付安置补偿款。王某朝等112人与某区政府协商未果提起诉讼，请求判令某区政府支付征收安置补偿款及利息。

【处理结果】

法院在收到起诉材料后第一时间启动了预防调处机制，立案前向某区政府发送《重大敏感案件告知函》，及时进行对接沟通。随后向某市政府预调中心发送《行政争议案件移交函》，将案件进行移交先行协调。在预调期限内无法达成一致意见的情况下，及时立案导入诉讼程序。承办法官多次深入实地走访座谈，寻找问题症结，在两级政府的协调配合下，制定化解方案，指导某区政府完善了项目资金专户设立、协议审核等工作。最终，该批 112 件案件全部撤诉，同时，带动与本案相关联的数十件政府信息公开案件全部撤诉。

【典型意义】

不断完善府院联动机制建设，是实质化解争议、深化多元解纷、助推法治政府建设的有效抓手。本系列案是法院创新府院联动机制、有效化解潜在信访矛盾、维护社会大局稳定、促进地方经济发展的典型案例。案件办理过程中，承办法官并非坐堂办案机械适用法律，而是依托预防调处机制，采取“法官+群众+政府”，即法官讲法、群众说事、政府纠错的方式，探索建立“有人管、一起管、一起协调”的纠纷化解新模式，畅通诉求渠道，高位推动矛盾化解，不但“一揽子”化解了数百件行政争议案件，解决了人民群众急难愁盼问题，也促进了整个项目安置补偿工作的规范开展，案件处理结果得到各级政府高度认可，真正实现了案结事了、政通人和。

案例9　张某让、张某与某区政府行政协议案

【基本案情】

张某让和张某系父女关系，在某市某街道各自拥有一处宅基地并建有房屋。某街道办受案涉项目征收主体某区政府的委托，在对张某让、张某进行安置补偿时，按照“归户安置”的方式将张某让户和张某户归于一户进行安置，并与张某让、张某分别签订了安置补偿协议。张某让、张某认为其安置补偿权益未全面实现，以某区政府为被告分别提起诉讼，请求撤销协议并按照补偿安置方案与其重新签订安置补偿协议。

【处理结果】

二审法院在审理中了解到，在案涉征收项目的实施过程中，某街道办对于像张某这种取得宅基地合法审批手续的“姑娘户”，均归户至“娘家户”进行补偿安置，从而引发了不少纠纷。有些当事人在法定期限内通过提起撤销协议诉讼获生效判决支持后，某区政府均按照独立户重新进行了补偿安置；而有些当事人因诉讼能力欠缺等原因，未能及时提起撤销协议之诉，权益未获救济，造成了在同一征收项目中同类情况出现了不同处理的局面，有悖公平原则。为实质化解争议，切实维护群众合法权益，二审法院向某区政府发出行政机关负责人出庭应诉通知书，并向某区政府及某街道办发出诉中司法建议。某区政府对法院建议高度重视，副区长作为行政机关负责人出庭应诉并积极开展纠纷排查工作，配合法院协调化解案涉纠纷。最终，张某让、张某与某区政府重新签订了补充安置补偿协议，张某让、张某撤诉，该行政争议得以实质化解。

【典型意义】

本案是二审法院首次探索在行政诉讼中以诉中司法建议“小切口”，实现维护群众权益和政府公信力双赢效果的典型案例。相较于判后司法建议，诉中司法建议更具及时性、针对性和有效性，既对政府决策提供了司法支持，也对案件处理起到了助推作用。二审法院始终把行政审判工作放在全面依法治国的大局中，坚持“抓前端、治未病”。主动通知行政机关负责人出庭，某区政府负责人出庭后全面掌握案情，切实采取措施保障人民群众合法权益，并从根源上遏制了潜在纠纷。积极参与社会治理，植入司法所追求的“公平、法治”理念，厚植党的执政根基。

案例 10　焦某某等人诉某区政府行政赔偿系列案

【基本案情】

2013 年，焦某某等人与某实业公司签订拆迁协议，约定将焦某某等人的原房屋置换为某建材市场的新房屋。2020 年 12 月 3 日，某实业公司发布《通知》告知因城改政策变更及地块规划调整，置换后的新房屋无法取得相应手续，拆迁协议无法履行需要解除，并要求焦某某等人回迁至原房屋。焦某某等人不同意解除拆迁协议，未回迁至原房屋，亦未与某实业公司就回迁事宜达成协议。某区政府因片区改造将案涉新房屋拆除。法院判决确认某区政府强制拆除案涉新房屋行为违法。焦某某等人遂提起本案行政赔偿诉讼，请求某区政府赔偿因案涉房屋被违法强拆给其造成的各项损失。

【处理结果】

二审法院受理该系列上诉案件后发现焦某某等人同时针对拆迁协议提起行政诉讼。二审法院认为该系列案件涉及人数较多、衍生案件较多，为实质化解行政争议，在征求当事人同意后，向某市预调中心发出《行政争议案件移交函》。法院与某市预调中心共同发力，充分发挥行政调解、专业调解、生效判例释法等解纷作用，经过耐心沟通交流、宣讲政策、释法明理，最终促成过半数当事人与某实业公司达成调解协议并实际履行，包括焦某某在内的 15 起案件当事人撤回上诉，同时，将部分行政协议案件化解于诉前。

【典型意义】

本系列案件是二审法院在行政诉讼中与某市预调中心共同推动行政争议实质性化解的典型案例。二审法院在审理案件过程中，根据案件实际情况，及时启动预防调处机制，充分发挥了行政执法与司法有效衔接制度作用。在化解过程中，一是某市预调中心与人民法院密切配合，大力支持共同建立“专人管、一起管、共同调”的纠纷化解新模式，畅通诉求渠道，高位推动矛盾化解；二是行政机关主要负责人高度重视，积极主动与人民法院进行专题座谈，统一认识，会商难题；三是协调各方力量，加快促成协议达成并及时履行兑付工作，及时将人民群众利益落实落地。做到案结事了、政通人和，实现矛盾纠纷的源头治理。

河南省高级人民法院发布实质化解行政争议典型案例

（2024年12月2日）

目　录

案例1　陈某某等18人诉某区市政建设局安置补偿协议纠纷案

【基本案情】

陈某某等18人的房产在某区拆迁安置项目范围内。在房屋拆迁安置过程中，陈某某等18人分别与某区市政建设局签订51份安置补偿协议，协议约定某区市政建设局为陈某某等18人安置房屋5551.04平方米并支付临时安置费。案涉房屋2019年1月基本具备交房条件，但某区市政建设局不履行交房义务，以事实不清为由单方撤销安置补偿协议，在撤销协议后又不明确安置补偿意见。陈某某等18人对某区市政建设局单方撤销安置补偿协议的决定不服提起诉讼。

【处理结果】

自2019年陈某某等18人提起诉讼以来，某区市政建设局两次撤销安置补偿协议，在一审、二审法院两次对其行政行为进行撤销，并明确判令其履行安置补偿职责的情况下，仍拒绝拿出明确的安置补偿意见，导致程序空转，历时近五年、经过四轮诉讼，安置补偿纠纷仍没有妥善解决。针对行政机关多次拖延履行甚至拒不履行法定安置补偿义务的情况，法院结合本案实际，运用府院联动机制化解纠纷，并主动与某市相关领导、某区主要领导沟通。经市、区两级人民法院与人民政府反复协调沟通，陈某某等18人、某区市政建设局、安置补偿项目所在地的街道办事处、某公司重新签订安置补偿协议。目前，协议已经履行完毕，案件矛盾得以顺利化解。

【典型意义】

本案症结在于行政机关怠于履行安置补偿职责，且在人民法院作出判决后拒不履行生效裁判，导致案件历时多年仍旧程序空转。最高人民法院院长张军指出："老百姓来法院是为了解决问题的，绝不是来'走程序'的。"人民法院为有效解决当事人的实际困难，在行政相对人与行政机关"积怨已深"的情况下，应充分利用府院联动工作机制，下大力气主动开展矛盾化解工作。通过"背靠背"调解、向行政机关发送司法建议以及协调上级政府依职权督导等方式积极作为，促使各方达成切实可行的解决方案，有效保障当事人的合法权益，彰显人民法院化解矛盾纠纷的责任担当。

案例2　某幼儿园诉某人力资源和社会保障局工伤保险资格认定案

【基本案情】

2021年，某幼儿园为开学做准备工作，通知员工到园上班，当日没有学生上课。职工赵某在中午上班途中发生交通事故受伤，公安交通警察大队认定赵某无责任。之后，赵某向某人力资源和社会保障局（以下简称某人社局）递交工伤认定申请，某人社局经审核作出认定工伤决定书，认定赵某此次事故构成工伤。某幼儿园不服，以幼儿园规定中午不允许私自外出，赵某发生交通事故时间并非合理的上下班时间，其所受事故伤害不在工作场所且与工作无关为由提起行政诉讼，请求撤销某人社局作出的认定工伤决定书。一审法院经审理判决驳回某幼儿园的诉讼请求。某幼儿园不服，提起上诉。

【处理结果】

二审法院受理案件后，深入贯彻院领导带头办理行政案件制度，由院长担任承办人。考虑此类工伤认定往往还涉及伤残鉴定、民事赔偿等多个程序，诉讼周期长，如不能“一揽子”化解纠纷，赵某可能需要经过多次诉讼程序才能得到赔付，面临多重诉累；而某幼儿园作为小型乡镇民办幼儿园，学生少、收入不多，抵御风险的能力相对较弱，因未给赵某缴纳工伤保险费，若通过工伤保险待遇赔付程序确定的赔偿金额进行赔偿，将极大增加其经济负担，不利于其正常经营发展。院领导努力在推进本案行政和民事争议一并解决上下功夫，多方面进行释法析理，有效打消当事人顾虑，最终双方均同意作出让步，就赔偿数额达成一致，某幼儿园当庭撤回起诉。庭审结束后，合议庭在作出准许撤诉裁定的同时，作出一份行政附带民事调解书，对某幼儿园与赵某之间的工伤保险待遇支付问题进行明确，该案得以圆满解决。

【典型意义】

传统的工伤争议解决模式往往需要劳动者分别经历工伤认定行政程序以及后续可能的民事赔偿诉讼程序，这一过程漫长且复杂，劳动者与用人单位在各个环节“拉锯”现象多发，当事人需在不同的法律程序之间耗费大量的时间、精力和金钱。本案通过创新裁判思路，探索了在行政诉讼中一并解决民事赔偿争议的模式，以更加便捷高效的方式保障了双方当事人的合法权益，极大地缩短了纠纷解决期限，有效减轻了劳动者和用人单位双方的诉累，为后续劳动关系的修复与重建创造了有利条件，促进了和谐劳动关系。同时，本案采取的一次性解决工伤认定行政争议与民事赔偿争议的模式，为妥善处理同类行民交叉的工伤案件提供了借鉴，开拓了实质化解行政争议新思路。

案例3　某供热公司诉某区管委会、某区政府解除特许经营协议及行政赔偿案

【基本案情】

某区管委会在2007年通过招商引资方式承诺由新成立的某供热公司承担园区热力供应，双方于2007年5月18日签订BOT协议书。2009年初，供热管网一期工程开始试运营。2012年12月1日，某区政府向该公司颁发市政公用事业特许经营权证书，授予特许经营权，特许经营权期限自2012年12月1日起至2042年11月30日止。2018年4月24日，市政府为落实供给侧改革下煤电行业转型发展实施方案，实施规划区内煤电机组清零行动，明确关停园区内热电厂。由于唯一热源关停，某供热公司无法继续向园区供给热力。因与某区管委会未能就热源建设及补偿等问题达成一致意见，某供热公司向某区管委会发出解除协议通知书未果，遂提起本案诉讼，请求判令解除该协议并赔偿人民币1.5亿余元及相关利息。

【处理结果】

原审认为，本案所涉供热项目属于涉及社会公共利益的公用事业项目，依法应当通过招标选择投资者或者经营者，但某供热公司获取特许经营权未经招标程序，双方亦未提交证据证明案涉项目曾经过竞争性谈判，且某区管委会不具有签约职权，该协议的签订违反法定程序，应属无效协议，故判决驳回某供热公司诉讼请求。再审审查过程中，经法院主持调解，各方就某供热公司退出园区供热项目综合补偿事宜达成调解协议，某区政府同意分期向某供热公司支付3680余万元，作为某供热公司综合退出补偿。

【典型意义】

人民法院不仅要依法依规审理案件，更要坚持“如我在诉”理念，在合法合规的前提下，从彻底化解矛盾纠纷的视角出发，延伸了解当事人的现实处境和案件相关情况，为当事人争取利益最大化。本案中，某供热公司的投资人系外省人，因某区管委会对外招商引资，基于对政府的信赖而跨省投资该项目，虽然从法律上应认定双方签订的协议无效，但客观上某供热公司遭受了重大损失，且易使当地政府的公信力下降。法院通过多次与双方当事人沟通，综合考虑企业损失和疫情后政府财政困难状况，逐步缩小双方对赔偿金额的差距，最终双方接受分期支付赔偿金解决供热遗留问题，实现了双赢，取得了良好的社会效果。

案例4　某食品公司诉某县卫生健康委员会行政处罚案

【基本案情】

某县卫生健康委员会在现场检查过程中，发现某食品公司不能提供从事接触职业病危害作业人员的职业健康检查报告和工作场所职业病危害因素检测、评价报告。随即对该食品公司进行立案调查，后以该食品公司存在上述违法行为为由，作出行政处罚决定，罚款8.5万元。某食品公司不服该处罚决定，提起行政诉讼。

【处理结果】

在开庭过程中，某县卫生健康委员会主任积极出庭应诉，对案涉违法行为调查、取证等程序进行解释说明。某食品公司法定代表人情绪激动，陈述其已安排相关工作人员进行健康检查等，该公司是小微企业，生存步履维艰，勉强发放工人工资，无力负担高额罚款。经过人民法院多次与某县卫生健康委员会进行沟通，通过下发司法建议的方式，提出某食品公司虽存在违法行为，但是未造成严重后果，应依照行政处罚法第五条的规定，坚持过罚相当原则，根据违法情形考虑处罚幅度。某县卫生健康委员会收到司法建议后高度重视，集体讨论研究后对案涉处罚进行调整，将罚款金额由 8. 5 万元调整为 3 万元。新的处罚决定书送达当天，某食品公司缴纳了罚款，并向法院申请撤回起诉。

【典型意义】

“如我在诉”就是要在每一个案件的办理中多一些感同身受和换位思考，实质性化解矛盾、解决问题。本案中，人民法院考虑到小微企业的现实困境，设身处地仔细研判案件，认为案涉行政处罚存在过罚不当的情况。行政机关在行政执法中要遵守行政处罚法规定的过罚相当原则，正确行使自由裁量权，既要避免“小过重罚”，也要避免“重过轻罚”。坚持处罚与教育相结合、过罚相当原则，既减轻了企业负担，助力企业发展，又落实了柔性执法和包容审慎监管政策，促进优化营商环境。如果处罚过重，不仅不能起到教育作用，还会因为高额罚款影响企业的正常经营，从而激发企业抵触心理，导致其采用各种手段抗拒行政处罚，无形中会增加行政机关的执法成本，也不利于树立行政处罚的公信力。人民法院对此类共性问题，主动向前延伸司法职能，利用司法建议实质性化解行政争议，实现政治效果、社会效果、法律效果的有机统一。

案例5　某水务公司诉某市政府特许经营协议案

【基本案情】

2014年7月，北京某科技公司与某市政府签订《某镇毛皮加工专业园区污水处理厂BOT项目协议》。2014年12月19日，北京某科技公司依约成立项目公司，即某水务公司，该公司承继北京某科技公司在特许经营协议项下的权利和义务。2017年11月，某水务公司的污水处理项目完成建设，建设规模3万立方米/天，同月开始进水调试。之后，经历设备升级改造等，截至2023年8月31日，双方就前期污水处理费的核算支付及后续合作均存在较大分歧，某水务公司以某市政府为被告提起行政诉讼，该公司起诉前已处于停业状态。

【处理结果】

本案在一审审理过程中，合议庭在详阅卷宗、吃透案情的基础上，认真听取双方当事人意见，深挖争议产生的真正原因，积极运用府院联动平台，组织双方多次调解，最终促成双方达成调解协议，由某市政府先行支付某水务公司污水处理费800万元，分三批支付；某水务公司收款后用于案涉项目运营并及时将款项使用情况向某市政府报备。案涉行政争议的实质化解，助企业重生，为政府纾困，推动了当地诚信政府、法治政府建设，亦推进了当地产业绿色健康发展，促进了当地营商环境的优化。

【典型意义】

某市位于黄河沿岸，素有“毛皮之都”之称，毛皮加工历史悠久。

在毛皮加工过程中产生大量污水，导致当地生态环境、绿色发展面临巨大考验。案涉污水处理项目能否重启运营，关系生活污水治理民生项目能否落地、身处逆境的危困企业能否重生。人民法院坚持问题导向，构建“大调解”工作格局，健全多元解纷机制破解难题，加大对环境污染第三方治理和以环境治理效果为导向的环境托管服务模式推广力度，着力推进项目重启、提质增效、加快发展，助力城市公用事业高质量发展。同时，人民法院发送司法建议，促推当地政府将毛皮加工产业转型升级、绿色发展纳入重点工作项目清单，为打造节约集约、循环高效、普惠共享的生产服务新格局贡献司法智慧和力量。

案例6　某矿山工程有限公司诉某市人力资源和社会保障局工伤保险待遇认定案

【基本案情】

2022年11月29日21时许，某矿山工程有限公司出渣工李某在连接风筒风机开关时不慎触电被击倒在地，之后，被送往医院抢救无效死亡，诊断为：“院前死亡（电击伤）”。某矿山工程有限公司向某市人力资源和社会保障局申请工伤认定，该局作出认定工伤决定书，认定李某所受到的事故伤害为工伤。之后，某矿山工程有限公司向某市人力资源和社会保障局申请李某工伤（亡）保险待遇，某市人力资源和社会保障局审查后发现李某2022年10月、11月工伤保险处于欠费状态，某矿山工程有限公司于2023年1月18日予以补缴，某市人力资源和社会保障局认为某矿山工程有限公司未按时、足额缴纳工伤保险费，故未予核定工伤保险待遇。某矿山工程有限公司不服，提起本案诉讼。

【处理结果】

二审法院在审理过程中发现，某矿山工程有限公司因欠缴工伤保险费引发多起关于工伤保险待遇支付的行政诉讼，因此，本案在法律、政治和社会效果上都具有一定的示范效应。在案件审理过程中，法院组织多轮调解协商，建议行政机关针对此类问题如何处理进行请示汇报，通过答复、制定规范性文件、案例指导、定期开展政策解读与培训等方式确定统一、合理的处理准则，切实确保劳动者的合法权益。最终，双方达成和解协议，某矿山工程有限公司于2024年12月31日前完成社会保险费的欠费补缴，由工伤基金支付相关工伤保险待遇。某矿山工程有限公司以双方达成和解为由，向二审法院申请撤回起诉和上诉。

【典型意义】

本案系因矿山公司欠缴社会保险费而引发的关于工伤保险待遇支付的行政诉讼案件，具有一定的示范效应。从法律适用的角度而言，依据社会保险法及《工伤保险条例》等相关法律法规，劳动者所在用人单位未依法缴纳工伤保险费，发生工伤事故的，由用人单位支付工伤保险待遇。但用人单位为职工参保、在工伤发生时欠缴社会保险费，是否属于“未依法缴纳”工伤保险费，其限期缴纳或者补足社会保险费后是否承担工伤保险待遇责任，对此，行政机关与法院的认识尚不统一和明确。从政治和社会效果而言，矿山公司作为案涉地区的大型企业，其欠缴社会保险费的行为无疑会对其他企业产生影响，如果此类行为得不到及时纠正和制止，可能会引发其他企业效仿，不利于社会保险缴纳制度的运行和管理。同时，矿山领域问题重大且敏感，一旦处理不当将可能进一步激化矛盾。调解作为解决此类争议的有效手段，让当事人在平等、自愿的基础上进行沟通与协商，避免矛盾进一步激化，不仅能够维护劳动者的合法权益，规范企业的社会保险费缴纳行为，还能够向社会传递积极的信息，促进劳动关系乃至社会关系的和谐稳定。

案例 7　某卫生品公司诉某市生态环境局、某市政府罚款及行政复议案

【基本案情】

某卫生品公司成立于 20 世纪 90 年代，至今已经营二十余年，因以往使用的生产材料污染较大，每年需支出大量治污费用，且产品处于淘汰边缘，面临倒闭风险。为摆脱经营困境，该公司积极转型升级，投入大量资金使用国家倡导的低污染材料进行生产。2023 年，某市生态环境局到该公司现场检查时，发现该公司生产时未开启污染防治设施，认为其违反大气污染防治法第四十五条规定，对其作出罚款的行政处罚。该公司认为其使用的低污染材料符合挥发性有机物豁免治理条件，不需要开启污染防治设施，遂向某市政府提起行政复议申请，复议机关经审查认为，该公司并未取得环保豁免治理审批，应在生产时开启污染防治设施，遂作出维持上述行政处罚的复议决定。该公司不服，提起本案诉讼，请求撤销案涉行政处罚及复议决定。

【处理结果】

二审法院经审理发现，案涉企业虽未获得挥发性有机物豁免治理审批，但如经专业指导获得该审批的可能性极大，且企业之所以未取得审批，一方面是因为企业未进行有效申报，另一方面是因为当地环保部门未依法履行相关职责，双方均有过错，不应由企业独自承担责任。为平衡保护与发展之间的关系，实质化解案件争议，法院通过与省生态环境厅、当地政府及生态环境部门开展府院联动，在指导企业进行豁免治理

申报的同时，督促行政机关完善相关工作机制。最终，三方达成调解协议，案件得以实质化解。目前，企业已完成转型升级，成为当地“首家”获得环保豁免治理审批的企业。

【典型意义】

生态环境治理应平衡保护与发展之间的关系。环保豁免治理可有效引导企业探索“绿色”生产模式，使生态环境保护和经济转型升级共赢发展，实现“既要绿水青山又要金山银山”。但实践中该豁免治理政策并未落实到位，引发较多社会矛盾。本案中，人民法院主动融入社会治理大格局，针对环保豁免治理政策落实这一问题，并未就案办案、机械司法。而是通过深入开展府院联动，瞄准争议根源，不仅帮助案涉企业获得相应审批，实质化解了个案争议，还督促行政机关完善相关工作机制，从根源上杜绝了此类案件的发生，对助推当地环境保护治理现代化及新质生产力发展具有积极意义。

案例8　某公司诉某区政府等履行行政协议补偿案

【基本案情】

2014年8月，某公司与某城中村改造指挥部签订《拆迁协议书》，协议约定指挥部应向某公司支付补偿款共计1273万余元，但截至起诉时，仍有243万余元补偿款未支付到位。某公司提起诉讼，请求某区政府按照协议约定支付剩余的243万余元补偿款及相应的延迟支付利息。此外，根据生效判决，某公司需向第三人某村民组支付协调管理费206万元及相关诉讼费用。同时，某公司与案外人某村民组之间还存在土地租赁费返还、剩余补偿款的协调管理费以及某公司为村民组建造的一栋四层半房屋等相关民事纠纷，这些纠纷均亟待解决。

【处理结果】

在审理过程中，法院主动邀请某村民组作为第三人参与调解，并采取行政附带民事调解的方式，力求一次性解决案涉所有纠纷。经过法院的细致调解，各方当事人最终达成全面调解协议。协议约定，某公司将获得 160 万元补偿款，某村民组将获得 836487. 8 元补偿款，某区政府承诺在 2024 年底前分别向两方指定账户支付款项。同时，某公司与某村民组就民事判决执行案件的执行费及行政案件诉讼费进行分担。某公司同意撤回对某街道办事处的政府信息公开申请，并承诺不再就城中村改造中的补偿等事宜向任何一方主张权利。此外，某公司与某村民组之间的所有纠纷，包括民事判决确认的款项、四层半房屋建设、土地租赁费返还等，均得到一次性解决。

【典型意义】

本案是行政附带民事调解的一次成功尝试，展现了人民法院在解决复杂行政与民事交织纠纷中的责任担当。法院没有局限于单一案件的审理，而是采取了更为积极主动的调解策略，通过细致入微的调解工作，成功实现了行政与民事纠纷的一次性解决。这种调解方式不仅明确了补偿款的分配，还一并处理了相关民事争议，极大地减轻了当事人的诉累。同时，也体现了法院在推动社会治理、化解社会矛盾中的重要作用，为类似纠纷的解决提供了有益借鉴和参考。

案例9　刘某标等6户诉某县政府、某市政府不作为及行政复议案

【基本案情】

2019年，G106某县段改扩建工程项目指挥部发布《项目征收实施方案》，刘某标等6户村民房屋及宅基地位于征收实施范围内。刘某标等6人认为乡政府确定的补偿金额与法定标准不符，要求某县政府对其房屋及宅基地依法安置补偿，某县政府未予书面回复。刘某标等6人向某市政府申请行政复议，请求确认某县政府对履行安置补偿职责申请书未答复的不作为行为违法，并依法对其安置补偿。2023年10月10日，某市政府作出行政复议决定，驳回刘某标等6人的复议请求。

【处理结果】

法院在审理该案过程中发现，本案看似诉行政机关不作为及不服行政复议决定，实则是刘某标等6人要求按照法定标准对征收其房屋、附属物等进行合理补偿并重划宅基地安置。为将“化解群体争议”的功课做到极致，该院行政庭庭长和合议庭前后共5次向有关部门及村委了解情况，5次赴刘某标等6人家中详细讲解补偿标准和政策，3次召集两级法院、县乡两级政府、县政府相关部门及村“两委”座谈。最终，历经180天促成某乡政府与刘某标等6人签订《补充协议》，由某乡政府负责妥善安置并按照法定标准支付补偿款。刘某标等6人主动申请撤回起诉，长达六年的拆迁纠纷得到圆满解决。

【典型意义】

学习贯彻落实习近平法治思想，要不断加强预防和化解社会矛盾建

设，打造共建共治共享的社会治理格局。实质化解行政争议，解决群众急难愁盼问题，要充分发挥府院联动机制作用，凝聚法院、政府、社会组织等各方合力，坚持“如我在诉”理念，把老百姓的难事当成自己的家事来办。本案中，6 名原告、6 个家庭涉及几十口人，若案件处理不当，后续将引发大量诉讼。对此，人民法院高度重视，经过认真分析研判，确定了本案实质化解工作方案，决定由庭长牵头推动，合议庭成员全力配合，广泛凝聚县乡级政府、政府相关部门、村“两委”等多方力量，共同商议、共同推动、共同化解。本案行政争议的彻底化解，提高了政府机关的公信力，防止矛盾进一步积累和扩散，达到了双赢、多赢、共赢的目的，实现了政治效果、法律效果和社会效果的有机统一。

案例 10　杨某洲、杨某录、杨某中诉某镇政府给付基本养老补贴费系列案

【基本案情】

安罗高速是河南省重点建设项目。杨某中、杨某录、杨某洲均系某镇村民，其承包地在本次征收范围内。2022 年 2 月 27 日，村民委员会对案涉土地施行清表行为，后将政府拨付的征地补偿款、青苗补偿款等费用转账支付至村民个人账户。以杨某中、杨某录、杨某洲为代表的村民认为自家承包地被强制清理，县政府是案涉征地项目的责任主体，历经多轮诉讼未能解决实际问题。2023 年 3 月，杨某中、杨某录、杨某洲又以某镇政府为被告提起行政诉讼，请求确认强制清理地表行为违法。

【处理结果】

法院在办理该系列案件过程中，始终以实质性化解行政争议为目标，将调解工作贯穿办案全过程。在向被告某镇政府讲解群众诉求合法性时，被诉机关的主要领导表示，政府没有给群众发放基本养老补贴费，是因为此类为被征地农民缴纳基本养老补贴费的案件，由土地征收引发，属于新类型案件，目前尚没有具体的操作流程。如果将发放流程理顺，政府愿意支付该笔资金。在此基础上，合议庭充分利用府院联动机制，先后与县人社局、县财政局、县自然资源局等有关工作人员沟通、交流发放补贴资金的办法和流程。在充分调研的基础上，以书面形式向县政府报告，县政府主管领导高度重视，召开专题会议协调。按照会议要求，几家单位分工协作，县人社局负责为被征地农民开设账户，县财政局负责组织资金，县自然资源局负责统计征地面积，镇政府负责资金发放。仅用二十天时间，就将本次诉讼的原告杨某中、杨某录、杨某洲三家补贴资金发放到位。三原告在查询到资金到账后主动撤回起诉。当地政府机关按照上述“示范诉讼”的裁判思路迅速解决了其他150余户村民的基本养老补贴费问题，避免了大量争议进入诉讼程序。

【典型意义】

习近平总书记指出：“法治建设既要抓末端、治已病，更要抓前端、治未病。我国国情决定了我们不能成为‘诉讼大国’。”① 最高人民法院先后发布《关于推进行政诉讼程序繁简分流改革的意见》《关于进一步推进行政争议多元化解工作的意见》，强调把非诉纠纷解决机制挺在前面。人民法院审理系列案件时，要准确把握同类案件的特点，积极与相关行政部门对接交流，与涉案群众沟通，选取具有典型性、代表性

① 习近平：《必须坚持守正创新》，载《求是》2024年第23期。

的案件先行立案，进行示范诉讼，精细化审理，最大限度降低群众的诉讼成本，便捷、高效化解行政争议。同时，在案件办理过程中将调解工作贯穿办案全过程。一方面，深入走访群众，以“如我在诉”意识，切实帮助群众解决实际问题，让群众感受到法官在真正帮助其解决问题，从而接受法庭调解建议。另一方面，向被诉机关的主要领导释法析理，最终接受调解方案，一次性实质化解行政争议。最终，在多家行政机关的配合和帮助下，成功运用“示范诉讼+府院联动”，探索出处理此类案件的经验和模式，在保护群众合法权益的同时，避免后续 150 余户村民进入诉讼，实现了政治效果、法律效果和社会效果的有机统一。

行政审判讲堂答疑

最高人民法院“行政审判讲堂”第三期答疑

问题1：防汛抗旱指挥部是否具有行政诉讼被告资格？

答疑意见：我们认为，防汛抗旱指挥部是否具有行政诉讼被告资格，需要从以下两个角度进行把握。

第一，在通常情况下，防汛抗旱指挥部具有行政诉讼被告资格。根据行政诉讼法的规定，被告资格确定，包括行政机关和法律法规规章授权组织两种情形。防汛抗旱指挥部是否具有行政诉讼被告资格，要看其是否具有法律法规规章的授权。防洪法第三十九条第三款规定：“有防汛抗洪任务的县级以上地方人民政府设立由有关部门、当地驻军、人民武装部负责人等组成的防汛指挥机构，在上级防汛指挥机构和本级人民政府的领导下，指挥本地区的防汛抗洪工作，其办事机构设在同级水行政主管部门；必要时，经城市人民政府决定，防汛指挥机构也可以在建设行政主管部门设城市市区办事机构，在防汛指挥机构的统一领导下，负责城市市区的防汛抗洪日常工作。”可见，防洪法对防汛指挥机构的设立、组成、职能、权限等作了明确规定，属于行政诉讼法第二条第二款中规定的法律授权组织，从而具备行政诉讼被告资格。

第二，在特殊情况下，防汛抗旱指挥部不具有行政诉讼被告资格。如果防汛抗旱指挥部并非按照上述规定设立，属于临时机构，不具有独立承担法律责任能力的，则不具有行政诉讼被告资格。此时，应当根据《最高人民法院关于适用〈中华人民共和国行政诉讼法〉的解释》（以下简称《行政诉讼法解释》）第二十条第一款的规定，以组建该机构的行政机关为被告。

问题 2：行政拘留的时间能否在行政诉讼起诉期限内扣除？

答疑意见：我们认为，行政拘留期间在行政诉讼起诉期限内是否予以扣除，要看行政拘留是否属于“不属于当事人自身的原因”而不能提起诉讼的情况，应当结合具体情形作出认定。

第一，扣除起诉期限的标准是“不属于其自身的原因”。行政诉讼法第四十八条第一款规定，公民、法人或者其他组织因不可抗力或者其他不属于其自身的原因耽误起诉期限的，被耽误的时间不计算在起诉期限内。即，只有“因不可抗力或者其他不属于其自身的原因耽误起诉期限的”才可以在起诉期限内予以扣除。核心标准即是否属于“不属于其自身的原因”耽误期限。

第二，法律对保障拘留期间被拘留人行政诉权作出规定。法律法规明确规定，被拘留人不服行政拘留等行政行为的，其本人可以提起行政诉讼，因限制人身自由不能提起诉讼的，其近亲属可以受托起诉或者先行起诉。《行政诉讼法解释》第十四条第二款规定，公民因被限制人身自由而不能提起诉讼的，其近亲属可以依其口头或者书面委托以该公民的名义提起诉讼。近亲属起诉时无法与被限制人身自由的公民取得联系的，近亲属可以先行起诉。《拘留所条例》第二十五条、第二十六条以及《拘留所条例实施办法》第四十条第一款规定，被拘留人在被拘留期间有权提出举报、控告，申请行政复议，请求国家赔偿，提起行政诉讼或申请暂缓执行行政拘留。即使被拘留人的人身自由受到限制，其仍有权采取委托代理人、当面递交、邮寄、传真或者电子邮件等方式提起行政诉讼，其起诉权利并未受到限制。据此，行政拘留并不当然属于行政诉讼法第四十八条第一款规定的“不属于其自身的原因”的情形。

第三，由于拘留客观上导致不能提起诉讼的，被耽误的时间在起诉期限内应予扣除。对于在特定情形下，确因拘留无法行使诉权的，应当认定为“不属于其自身的原因”。被拘留人在起诉时应当提交初步证据予以证明；公安机关提出相反意见的，应当提供证据证明；被拘留人不能提供相关证据的，还可以依据行政诉讼法第四十一条的规定申请人民法院调取证据。

问题3：起诉人就行政机关未依职权履行法定职责提起的行政诉讼，是否有起诉期限限制？

答疑意见：我们认为，起诉期限制度的目的在于督促起诉人尽快行使诉权，尽快使行政法律关系得到恢复。起诉人对于行政机关的作为行为不服提起诉讼的，应当受起诉期限限制。要求行政机关履行法定职责案件，按照行政机关不履行法定职责的种类，起诉期限的计算可以分为两类情形。

第一，对于依申请履行法定职责的案件，应当遵守起诉期限规定。依申请履行法定职责的案件，法律对于申请期限、履责期限，往往作出明确规定，行政机关收到申请后不履行法定职责，该行政不作为属于拟制的行政行为，起诉期限应当从行政机关履行法定职责期限届满之日起算。即，根据行政诉讼法第四十七条及《行政诉讼法解释》第六十六条规定计算起诉期限，在行政机关履行法定职责期限届满之日起六个月内提出。

第二，对于依职权履行法定职责的案件，不适用起诉期限规定。行政机关依职权应当履行法定职责，应当斟酌履行法定职责的诸项条件，主动履行法定职责。例如，遇有火情，公安消防机关应当主动履行灭火职责。此时，法律并未要求起诉人提出申请，因而无法确定起算时点。起诉人对于因行政机关依职权应当履行而未履行的行为起诉的，不受行政诉讼法规定的起诉期限限制。同时，根据2023年修订后的行政复议法的规定，对于认为行政机关不履行法定职责的，公民、法人或者其他组织应当首先通过行政复议程序予以救济。不服行政复议决定的，起诉人可以依法提起行政诉讼。

问题 4：律师协会针对律师作出的行为是否属于行政诉讼的受案范围？

答疑意见：我们认为，律师协会对律师作出的行为是否属于行政诉讼的受案范围，应当按照该行为的性质来确定。

第一，律师协会依据行业自律规范作出的行为，不属于行政诉讼受案范围。根据律师法的相关规定，律师协会是律师的自律性组织，作出涉及律师权益的行为，既有依据行业自律规范的行业自治行为，也有依据法律法规规章授权的行政行为。对于律师协会依据行业自律规范，例如中华全国律协《律师协会会员违规行为处分规则（试行）》等规则，作出的行业内部纪律处分行为，应当通过其他法定途径予以救济，不属于行政诉讼的受案范围。

第二，律师协会依据法律法规规章授权作出的影响律师等实际权利义务的行为，属于行政诉讼受案范围。依据《行政诉讼法解释》第二十四条第三款规定，当事人对律师协会依据法律、法规、规章的授权实施行政行为不服提起诉讼的，以律师协会为被告。例如，律师法第四十六条第一款授权律师协会行使八项职权，其中第五项是“组织管理申请律师执业人员的实习活动，对实习人员进行考核”。该事项属于法律授权律师协会行使的外部行政管理职权事项，而非行业自治管理事项。即，律师协会对申请人实习登记申请作出处理的行为属于行政行为。

问题 5：土地管理法第十四条第三款规定，当事人对有关人民政府的处理决定不服的，可以自接到处理决定通知之日起三十日内，向人民法院起诉。该土地处理决定是否属于复议前置事项？

答疑意见：对于行政机关作出的土地处理决定是否属于复议前置范围，需要根据该决定的内容及性质予以确定。

第一，根据法律规定，并非所有种类的土地处理决定均须复议前置，而只有土地确权决定须复议前置。行政诉讼法第四十四条第二款规定，法律、法规规定应当先向行政机关申请复议，对复议决定不服再向人民法院提起诉讼的，依照法律、法规的规定。根据行政复议法第二十三条第一款第二项的规定，对行政机关作出的侵犯其已经依法取得的自然资源的所有权或者使用权的决定不服的，申请人应当先向行政复议机关申请行政复议，对行政复议决定不服的，可以再依法向人民法院提起行政诉讼。这一内容，在本次行政复议法修订中，予以保留。从语义上分析，“处理决定”可以从广义上和狭义上理解。广义上包括所有涉及土地所有权或者使用权的决定，如土地征收决定、责令交出土地决定、没收土地使用权决定、土地确权决定等。狭义上仅包括对土地所有权或者使用权进行确认的决定，即土地确权决定。我们认为，需要复议前置的处理决定，应当从狭义上进行理解。即，土地确权决定需要复议前置，其他涉及土地所有权或者使用权的决定，不属于复议前置范围。

第二，准确把握此种情形的复议前置的条件。行政复议法第二十三条规定的“已经依法取得”是指当事人拥有土地所有权或者使用权证书，或者虽无相应法律文书，但已实际使用多年，并拥有相应证据。这里的“决定”是指对自然资源所有权或者使用权的确权决定，不包括行政许可、行政处罚、行政强制措施等其他行政行为。这里的“确认”是指当事人对自然资源的权属发生争议后，行政机关针对权属争议所作的确权决定。有关土地等自然资源所有权或者使用权的初始登记，属于行政许可，不包括在此处“确认”之内。最高人民法院法释〔2003〕5号司法解释和〔2005〕行他字第4号答复仍然适用。

最高人民法院“行政审判讲堂”第四期答疑

问题 1：行政协议案件中，原告既要求行政机关按照征收补偿协议中部分条款继续履行，又认为另一部分条款违法要求撤销，两项诉讼请求是否属于《最高人民法院关于审理行政协议案件若干问题的规定》第九条规定的“有具体的诉讼请求”的情形，能否作为一个案件进行审理？

答疑意见：我们认为，原告在行政协议诉讼中，可以提出若干诉讼请求。人民法院根据案件具体情况，可以作为一个案件处理。对此问题，从以下三个方面解答：

第一，根据行政诉讼法和《行政诉讼法解释》的规定，原告可以提出若干诉讼请求。行政诉讼法第四十九条规定：“提起诉讼应当符合下列条件：（一）原告是符合本法第二十五条规定的公民、法人或者其他组织；（二）有明确的被告；（三）有具体的诉讼请求和事实根据；（四）属于人民法院受案范围和受诉人民法院管辖。”《行政诉讼法解释》第六十八条对“有具体的诉讼请求”作了解释。根据上述规定，原告提出的诉讼请求应当具体、明确、特定。原告在一个行政诉讼案件中提出若干诉讼请求的，人民法院应当就各项诉讼请求是否符合行政诉讼法第四十九条的起诉条件进行审查后再作处理。

第二，原告提出的各项诉讼请求均符合起诉条件的，人民法院应当依法立案，并注意审查不同诉讼请求之间的关系。如果诉讼请求之间所依赖的法律关系可以同时成立而且不相互矛盾的，人民法院可以在同一案件中进行审理。在行政协议诉讼中，原告提出的若干诉讼请求均在同一行政协议法律关系之中的，应当作为一个案件审理。如果不同诉讼请求所依赖的法律关系不同，诉讼请求之间相互排斥或者对立的，比如，原告既要求履行某条款，又要求撤销某条款的，人民法院应当对原告作出合理释明，引导其正确表达诉讼请求。

第三，《最高人民法院关于审理行政协议案件若干问题的规定》第九条规定，在行政协议案件中，行政诉讼法第四十九条第三项规定的“有具体的诉讼请求”是指：（一）请求判决撤销行政机关变更、解除行政协议的行政行为，或者确认该行政行为违法；（二）请求判决行政机关依法履行或者按照行政协议约定履行义务；（三）请求判决确认行政协议的效力；（四）请求判决行政机关依法或者按照约定订立行政协议；（五）请求判决撤销、解除行政协议；（六）请求判决行政机关赔偿或者补偿；（七）其他有关行政协议的订立、履行、变更、终止等诉讼请求。根据上述规定，原告可以同时提起要求行政机关履行行政协议部分条款以及撤销行政协议其他部分条款的诉讼请求。司法实践中，行政协议具有行政性和协议性双重属性。行政协议内容可能既包括可撤销的内容，也包括可以继续履行的内容。人民法院应当根据行政诉讼法和《最高人民法院关于审理行政协议案件若干问题的规定》的规定，参照民法典等民事法律规范的规定，结合原告的诉讼请求，作出相应裁判。

问题 2：行政机关（如土地行政管理机关）作出限期拆除处罚决定的，如何确定申请非诉执行的期限，是否需要保留申请复议期限？

答疑意见：我们认为，根据行政诉讼法、行政强制法的规定，行政机关申请人民法院强制执行，须在起诉期限、复议期限均届满后进行。对此问题，从以下三个角度解答：

第一，行政诉讼法和行政强制法明确行政机关申请人民法院强制执行，须起诉期限、复议期限同时届满。行政诉讼法第九十七条规定：“公民、法人或者其他组织对行政行为在法定期限内不提起诉讼又不履行的，行政机关可以申请人民法院强制执行，或者依法强制执行。”行政强制法第五十三条规定：“当事人在法定期限内不申请行政复议或者提起行政诉讼，又不履行行政决定的，没有行政强制执行权的行政机关可以自期限届满之日起三个月内，依照本章规定申请人民法院强制执行……”根据前述规定，起诉期限和申请复议期限届满，系行政机关申请强制执行的法定条件之一。即，行政机关申请非诉执行，须在行政行为不可诉、不可复议后进行。

第二，单行法律中，有关起诉期限届满不履行行政决定可以申请人民法院强制执行的规定，属于提示性规定，并未剥夺或者限制公民的复议权利。在行政机关申请法院强制执行之前，须注重发挥行政复议化解行政纠纷主渠道的作用。行政诉讼法第四十六条第一款规定：“公民、法人或者其他组织直接向人民法院提起诉讼的，应当自知道或者应当知道作出行政行为之日起六个月内提出。法律另有规定的除外。”土地管理法第八十三条规定：“……建设单位或者个人对责令限期拆除的行政处罚决定不服的，可以在接到责令限期拆除决定之日起十五日内，向人民法院起诉；期满不起诉又不自行拆除的，由作出处罚决定的机关依法申请人民法院强制执行。”根据前述规定，土地管理法第八十三条规定限期拆除处罚决定的起诉期限为十五日，属于行政诉讼法第四十六条第一款规定中的“法律另有规定”，应当优先适用。此外，依法申请行政复议属于公民的合法权利。土地管理法第八十三条的规定未剥夺或者限制建设单位或者个人申请行政复议的权利。不能从上述规定中，反向解释为排除了建设单位或者个人申请行政复议的权利。需要注意的是，申请复议期限适用行政复议法第二十条、第二十一条等规定。即，一般情况下，申请复议期限是六十日。

第三，建设单位或者个人不申请复议、不提起诉讼，又不自行拆除的，作出处罚决定的机关可以自申请复议期限和起诉期限均届满之日起三个月内，依法申请人民法院强制执行。综上所述，根据土地管理法第八十三条、行政强制法第五十三条等关于申请法院强制执行条件的规定，行政机关申请强制执行的，应当自申请复议的期限和起诉期限均届满之日起三个月内提出。除土地管理法外，其他单行法律中有关申请法院强制执行没有复议期限届满内容的，在适用上也应当与行政诉讼法、行政强制法保持一致。

问题3：行政协议案件中，能否提出规范性文件附带审查？

答疑意见：2014年修正的行政诉讼法确立了一并审查规范性文件、行政协议等新制度。我们认为，在行政协议案件中，原告可以请求一并审查规范性文件。现从以下两个方面说明：

第一，对行政诉讼法第五十三条规定的“行政行为”应当作广义理解。行政诉讼法第五十三条规定：“公民、法人或者其他组织认为行政行为所依据的国务院部门和地方人民政府及其部门制定的规范性文件不合法，在对行政行为提起诉讼时，可以一并请求对该规范性文件进行审查。”第六十四条规定：“人民法院在审理行政案件中，经审查认为本法第五十三条规定的规范性文件不合法的，不作为认定行政行为合法的依据，并向制定机关提出处理建议。”根据上述规定，人民法院在对行政行为提起的诉讼中，可以一并对规范性文件进行审查。其中，对“行政行为”应当作广义理解，既包括行政机关作出的单方行政行为，也包括行政机关和相对人订立的行政协议。

第二，在行政协议案件中一并审查规范性文件，有利于法院合法性审查，有利于促进诚信政府建设，有利于推动行政协议的源头治理。对规范性文件一并审查，目的在于行政纠纷诉源治理。无论是行政机关行使行政优益权作出的单方决定，抑或行政机关与协议相对人协商订立、履行、变更、解除行政协议等，都可能引用规范性文件作为其直接依据。行政规范性文件通常适用对象广泛且可以反复适用，影响面较广，更需要接受合法性监督。在行政协议案件中一并审查规范性文件，及时审查、纠正不合法的规范性文件，对于提高依法行政水平、从根源上预防行政争议等具有重要意义。

问题 4：当事人的行为已经构成情节较重情形的，可否再适用治安管理处罚法第十九条的规定减轻或者不予处罚？

答疑意见：我们认为，是否同时适用上述条文应当根据具体情形把握。现从三个层次说明：

第一，“情节较重情形”与“减轻或者不予处罚情形”并不矛盾。治安管理处罚法第十九条规定：“违反治安管理有下列情形之一的，减轻处罚或者不予处罚：（一）情节特别轻微的；（二）主动消除或者减轻违法后果，并取得被侵害人谅解的；（三）出于他人胁迫或者诱骗的；（四）主动投案，向公安机关如实陈述自己的违法行为的；（五）有立功表现的。”上述规定中除第一项“情形特别轻微的”属于从情节角度判断是否减轻处罚或者不予处罚外，其他 4 项均系以违法行为人是否存在所涉具体情形为标准，主要以主观意识状态为导向。这与治安管理处罚法其他法条所指的“已经构成情节较重情形的”以结果为导向，并不矛盾。

第二，本条第一项“情节特别轻微的”情形，与其他四项是并列关系。只要符合其中一项，均可以减轻处罚或者不予处罚。“情节较重情形”与“减轻或者不予处罚情形”适用范围不同，存在同时适用的可能。“情节较重情形”体现和分散在治安管理处罚法的多个条文。“情节较重情形”与治安管理处罚法第十九条第二项到第五项的考量标准不同，前者更倾向于违法行为的严重性、客观性，后者则更多是以违法行为人主观状态性及其行为后果为标准。“情节较重情形”与“减轻或者不予处罚情形之间适用情形”不同，相互之间并不冲突，可以同时适用。

第三，公安机关同时适用上述规定的，人民法院应当依法予以支持。实践中，有的违法行为构成了法定的情节较重情形，但行为人在行为当时或者其后存在治安管理处罚法第十九条第二项至第四项规定的“减轻或者不予处罚情形”，公安机关可以依法权衡该行为的社会危害性与减轻处罚、不予处罚的教育引导价值，综合考虑后作出相应判断。

在这种情况下，公安机关权衡维护社会治安秩序、保障公共安全，教育与处罚相结合作出处罚决定，更有利于公安机关依法履行治安管理职责，维护社会治安秩序，人民法院应当依法予以支持。

问题5:《道路交通安全违法行为处理程序规定》第四条、第五条规定的“违法行为地”如何理解?

答疑意见: 我们认为，交通技术监控设备记录的违法行为，以“违法行为发生地”为“违法行为地”，并以“违法行为发生地”确定执法标准。通过公安机关交通管理部门互联网站、移动互联网应用程序等进行异地处理，不产生改变违法行为地及变更地域管辖的效果。具体可从以下两个角度把握:

第一，2020年《道路交通安全违法行为处理程序规定》第五条第二款新增规定:“违法行为人在违法行为发生地以外的地方（以下简称处理地）处理交通技术监控设备记录的违法行为的，处理地公安机关交通管理部门可以协助违法行为发生地公安机关交通管理部门调查违法事实、代为送达法律文书、代为履行处罚告知程序，由违法行为发生地公安机关交通管理部门按照发生地标准作出处罚决定。”结合上述规定，对于交通技术监控设备记录的交通违法行为，一般只有违法行为发生地的公安机关具有执法管辖权。处理地公安机关交通管理部门协助违法行为发生地公安机关进行相关处理，是为行政相对人提供通道便利的便民举措，并不因该协助行为而取得对违法行为的执法管辖权。

第二，行政执法管辖中的地域管辖，应当坚持法定职权原则和属地原则。行政处罚法第二十二条规定，行政处罚由违法行为发生地的行政机关管辖。法律、行政法规、部门规章另有规定的，从其规定。行政执法的管辖原则亦是如此。一般来说，行政主体的地域管辖权与其法定职权的空间范围相一致，适用于所有的行政执法和行为。非因法定事由，不能以扩大解释的方式突破地域管辖规定。

新类型疑难案例选评

张某超与山东归某生物科技有限公司、莱阳市龙某光伏新能源有限责任公司执行异议案

廖志坚* 岑丽琼**

[基本案情]

原告张某超与被告山东瀚某公司、曹某波、莱阳市江某医药有限责任公司、江某医药公司、江某制药公司、烟台江某药业有限公司民间借贷纠纷一案，江西省高级人民法院于2015年8月11日作出（2014）赣民一初字第5号判决，判令：被告山东瀚某公司于判决生效后十日内向原告张某超归还借款本金58118500.59元及利息；被告曹某波、莱阳市江某医药有限责任公司、江某医药公司、江某制药公司、烟台江某药业有限公司对前项还款义务向原告张某超承担连带清偿责任；被告曹某波、莱阳市江某医药有限责任公司、江某医药公司、江某制药公司、烟台江某药业有限公司在承担担保责任后，有权向被告山东瀚某公司追

* 江西省高级人民法院执行局副局长。

** 江西省高级人民法院执行局四级高级法官。

偿；驳回原告张某超其他诉讼请求。张某超、山东瀚某公司不服，提起上诉。最高人民法院于 2018 年 7 月 4 日作出（2016）最高法民终 255 号民事判决：驳回上诉，维持原判。

上述判决生效后，张某超向江西省高级人民法院申请执行，该院于 2018 年 9 月 19 日立案执行。执行过程中，江西省高级人民法院依法委托山东某土地房地产资产评估有限公司对被执行人山东瀚某公司名下位于莱阳市经济开发区的莱国用（2009）862 号土地使用权和被执行人江某制药公司名下莱国用（2004）字第 1165 号土地及地上房产等财产进行了评估，并于 2020 年 3 月 19 日在淘宝网司法拍卖平台进行拍卖。

2020 年 4 月 18 日，莱阳市龙某光伏新能源有限责任公司（以下简称龙某公司）通过 88 次出价以最高价 3354 万元竞得莱国用（2004）字第 1165 号土地及地上房产等财产；山东归某生物科技有限公司（以下简称归某公司）通过 138 次出价以最高价 2300.6 万元竞得莱国用（2009）862 号土地。龙某公司和归某公司分别交纳拍卖保证金 120 万元和 70 万元，但均未按拍卖公告规定的期限支付余款，也未按其来函请求延期支付。江西省高级人民法院裁定将归某公司和龙某公司交纳的保证金共计 190 万元作为补偿款发放给申请执行人张某超。2020 年 5 月 29 日和 30 日，申请执行人张某超分别以 1369 万元和 2397 万元的最高价竞得莱国用（2009）862 号土地和莱国用（2004）字第 1165 号土地及地上建筑物，江西省高级人民法院裁定将上述土地和房产归买受人张某超所有。2020 年 10 月 22 日江西省高级人民法院裁定终结本次执行程序。

2021 年 4 月 13 日，经张某超申请，江西省高级人民法院裁定恢复对原判决的执行。同日，张某超向该院申请要求执行归某公司、龙某公司分别补交拍卖差价款 861.6 万元及 837 万元。2022 年 6 月 17 日，江西省高级人民法院作出（2021）赣执恢 11 号告知书，认为鉴于本案在执行过程中已将归某公司和龙某公司交纳的保证金共 190 万元作为补偿款发放给张某超，且重新拍卖的土地和房产均已裁定归张某超所有，所产生的拍卖差价并未对张某超造成实质意义上的损失。鉴于上述实际情况，不宜执行拍卖差价款，所以未对张某超的申请予以支持。申请执行人张某超收到告知书后不服，向江西省高级人民法院提出异议，该院遂以（2022）赣执异 17 号立案。

［异议审查意见］

江西省高级人民法院经审查，认为申请执行人张某超的异议理由成立，应予以支持，依照民事诉讼法（2021 年修正）第二百三十二条、《最高人民法院关于人民法院办理执行异议和复议案件若干问题的规定》第十七条第二项的规定，裁定撤销该院作出的（2021）赣执恢 11 号告知书；责令竞买人归某公司和龙某公司分别补交拍卖差价款 861. 6 万元和 837 万元。

［评析］

司法拍卖中悔拍的法律责任及处理

一、问题的提出——本案的争议焦点是竞买人竞买成功后又悔拍，应该承担何种法律责任

在异议案件审理期间，合议庭有两种不同观点。第一种观点认为，应对张某超的补足价差的申请予以支持。理由是根据《最高人民法院关于人民法院网络司法拍卖若干问题的规定》（2017 年 1 月 1 日施行，以下简称《网拍规定》）第三十七条第三款“本规定对网络司法拍卖行为没有规定的，适用其他有关司法拍卖的规定”的规定，该交纳差价行为应当适用《最高人民法院关于人民法院民事执行中拍卖、变卖财产的规定》（以下简称《拍卖变卖规定》）第二十二条第二款“重

新拍卖的价款低于原拍卖价款造成的差价、费用损失及原拍卖中的佣金，由原买受人承担。人民法院可以直接从其预交的保证金中扣除。扣除后保证金有剩余的，应当退还原买受人；保证金数额不足的，可以责令原买受人补交；拒不补交的，强制执行”的规定，因本案买受人归某公司和龙某公司交纳的70万元和120万元的保证金远不足以支付两块土地两次拍卖造成的差价，应该责令上述两公司补交该价差。

第二种观点认为，不应该支持张某超的申请，虽然两次拍卖产生了一定的价差，但鉴于重新拍卖的土地和房产均被申请执行人张某超拍得，且执行法院已将归某公司和龙某公司交纳的保证金共190万元作为补偿款发放给张某超，所以，两次拍卖并未对张某超造成实际意义上的损失。如果再执行拍卖差价款，张某超同时作为申请人和重拍土地的受让人就有重复得利之嫌。

司法实践中，还存在第三种观点，即认为应该在归某公司和龙某公司所交纳的保证金范围内承担违约责任。该观点认为，从竞买保证原则出发，在网络司法拍卖时竞买保证金多不退少不补，仅以保证金为限追究原买受人的违约责任。竞买人交纳保证金目的在于防止竞买人滥用权利随意竞拍，或在竞拍成交后又悔拍。既然有这种保证责任，那么悔拍法律责任应仅以承担保证责任为限，不能再责令买受人补交重新拍卖低于原拍卖价款造成的差价，《网拍规定》第二十四条是对该责任的条文化体现。

二、网络司法拍卖中悔拍的认定——主客观标准在执行领域的取舍

网络司法拍卖是指人民法院依法通过互联网拍卖平台以网络电子竞价方式公开处置财产的行为，本质上还是属于司法拍卖活动的范畴。司法拍卖活动中各方形成了交叉的法律关系，既有执行法院与执行当事人之间形成的执行法律关系，又有执行法院与买受人之间因拍卖成交而形

成的买卖关系。在上述关系中，执行法院始终处于程序的主导地位，充当着强制执行者和拍卖人的角色；申请执行人（执行债权人）和被执行人（执行债务人）虽然是获益者和被动受强制者，但更多是承担对执行法院司法拍卖活动监督制约的责任；竞买人处于买受人地位，既要承担监督执行法院的职责，也要严格遵守司法拍卖程序，以合法行为取得拍卖标的物所有权。在司法拍卖程序中，拍卖人以一定的方式作出拍卖成交的表示，拍卖合同宣告成立，买卖关系相应成立，买受人即是拍卖价款的交付义务人。笔者认为，拍定人交付价款的义务，不能够完全等同于民事主体在买卖合同关系中的付款义务，而应该被评价为一种带有复合性质的义务：从实体来看，是因买卖合同成立而负有的民事上支付对价的给付义务；从程序来看，是因执行法院依公权力拍定处分之效力而负有的公法上的强制给付义务。

何种行为应评价为悔拍行为？悔拍是指拍卖成交后，买受人逾期未支付价款致使拍卖目的难以实现的情形。如何理解“使拍卖目的难以实现”，一般认为，买受人未依拍卖公告规定期限支付价款的行为客观上妨碍了执行程序的有序推进，从而将标的物直接推向重新拍卖程序，对执行程序的效率也是极大的损害。高效一直都是强制执行的首要价值追求，执行效率越高，生效裁判确定的权利人的权益兑现越快，公正司法的实现程度也就越高。司法拍卖相较于传统拍卖独具公法上的处分性质，在程序要求上比其他拍卖更为严苛。因此，执行法院作出的拍卖公告不允许任意变更，买受人未在拍卖公告规定的期限内足额支付剩余部分价款的，即应视为其放弃买受，构成悔拍。

针对上述认定规则，实践和理论上都有不同意见，即认为上述认定过于注重客观结果，而忽略了买受人的主观心态，在认定悔拍时没有做到主客观相统一，过于注重单一的客观认定标准。但笔者认为，在悔拍的认定上还是应该坚持单一的客观原则，即一旦发生逾期付款就应认定为悔拍。第一，从程序上来看，司法拍卖除了具有一般拍卖的特征，执行法院的加入涉及的法律关系还包含公法的性质。因此，对于买受人而言，其不仅负有民事上支付对价的给付义务，而且负有公法上强制付款的义务。坚持客观的认定标准更有利于在司法拍卖中体现公权力法律关系。第二，从实体操作层面上来看，司法拍卖以发布拍卖公告为前提，公告中会明确载明保证金及竞买标的物的付款期限，该内容具有公示性和普适性，所以逾期付款是一个客观状态，仅需以公告的期限内是否付款为判断标准即可，若再考虑主观因素，则审查的标准将难以统一，执行法院也会为此增加更多的工作量。同时，采取单一确定也有利于促进执行法院及时对逾期付款行为作出认定，认定悔拍后即可裁定重新拍卖，以更快的速度推进标的物的处置变现，否则该标的物将如何处置会有一段时间陷入既无法裁定给买受人也无法重新拍卖的不确定状态。

综上所述，采取客观认定标准的做法既避免了执行法院难以厘清对买受人逾期支付主观因素的困扰，也便于执行法院统一裁量标准，从而最终服务于效率这一执行的最高价值追求。本案中，归某公司和龙某公司在公告规定的期限内逾期未付余款，也未按其来函请求延期支付，足以认定其行为构成悔拍。

三、悔拍的法律责任——保证责任和价差责任的比较

《网拍规定》第二十四条规定："拍卖成交后买受人悔拍的，交纳的保证金不予退还，依次用于支付拍卖产生的费用损失、弥补重新拍卖价款低于原拍卖价款的差价、冲抵本案被执行人的债务以及与拍卖财产相关的被执行人的债务。悔拍后重新拍卖的，原买受人不得参加竞买。"该条仅明确了没收竞买人保证金范围内的具体清偿顺位，但对于重新拍卖与原拍卖的价差超过了保证金的情况应当如何处理，并没有作出规定。而本案恰好属于该种情况，两家公司作为买受人交纳的保证金共计 190 万元，而两块土地及建筑物的重新拍卖与原拍卖的价差高达 1600 余万元，仅仅没收保证金远不足以弥补该价差。申请执行人张某

超也正是基于该理由，在执行法院裁定悔拍人所交纳的190万元保证金归其所有的基础上，另提出了悔拍人应该补齐重新拍卖与原拍卖产生的价差的请求。

对于申请执行人张某超的请求是否有相应法律依据，实践中也有两种不同的观点。一种观点认为，2017年实施的《网拍规定》未涉及补交差价内容，实际上否定了2004年实施的《拍卖变卖规定》（法释〔2004〕16号）中责令补交的规定（第二十五条）。根据《网拍规定》第三十八条的规定，《网拍规定》施行前最高人民法院公布的司法解释和规范性文件与该规定不一致的，以《网拍规定》为准，故《拍卖变卖规定》补交拍卖差价的内容在网络司法拍卖中不再适用。另一种观点认为，《网拍规定》未涉及补交超出保证金范围的内容，只是单纯地没有规定，根据《网拍规定》第三十七条第三款应当适用《拍卖变卖规定》，保证金不足以弥补差价的，悔拍的买受人应当继续补交，拒不补交的，强制执行。

笔者赞同第二种观点。从法律适用原则来看，应当遵循下列原则：优先适用位阶高的法律规范；如果两个法律规范位阶相同，那么适用特别法优于一般法、新法优于旧法原则。上述两个原则均系最高人民法院颁布的司法解释，在效力上属于同一位阶，但网络司法拍卖属于拍卖活动的特殊情形，基于特别法优于一般法的规则，应该适用《网拍规定》。鉴于《网拍规定》对于悔拍情况的法律责任并没有详细规定，且该规定第三十七条第三款明确规定“本规定对网络司法拍卖行为没有规定的，适用其他有关司法拍卖的规定”，该条款属于援引性条款，即指引向《拍卖变卖规定》的相关条文。因此，《网拍规定》虽然是自2017年1月1日起施行，但对于网络拍卖的未尽事宜还是应该适用2004年出台的《拍卖变卖规定》相关条文，而《拍卖变卖规定》（法释〔2004〕16号）的第二十五条明确规定了悔拍的法律责任不仅仅限于保证金，而应该认定为重新拍卖和原拍卖价款之间的差额，即拍卖价差。虽然《拍卖变卖规定》于2020年12月被修正，但修正后仍对上述内容予以了全文保留，只是从第二十五条变成了第二十二条，足以证明该条文的宗旨和做法符合最高人民法院对于相关问题的处理态度，仍然具备调整现有法律关系的功能。另外，从理论上而言，执行价差原则比保证原则更能体现司法拍卖的公权力强制性。网络司法拍卖是人民法院强制执行的重要环节，代表了司法权威和公共秩序，竞买人故意出高价后又悔拍，除对当事人带来损失外，还对司法权威造成破坏，扰乱了拍卖秩序，若只是在保证金范围内由悔拍人承担责任，并不能充分体现出对悔拍人制裁或威慑的效果，也不利于遏制悔拍现象。

在全国各地的司法拍卖实践中，悔拍情况并不是个例，而是时有发生，各地法院也在积极探索解决途径。2020年7月，广东省高级人民法院为解决处理方式不统一的问题，下发《广东省高级人民法院执行局关于执行程序法律适用若干问题的解答（五）》，对于悔拍法律后果予以明确："可以责令原买受人承担两次拍卖的差价，但应当在拍卖公告及竞买须知中明确该处理原则。"该意见也得到了最高人民法院的认可，在其对第十三届全国人大第四次会议第2777号建议的答复中明确指出："为解决执行实务中的上述问题，进一步规范网络司法拍卖工作，我们在《最高人民法院执行司法解释条文适用编注》中对此予以明确，即《拍卖变卖规定》第二十五条规定的保证金数额不足的，可以责令原买受人补交；拒不补交的，强制执行的规定，继续适用于网络拍卖。"最高人民法院同时在该答复的结尾处提到"目前最高人民法院正在配合全国人大进行强制执行法的起草工作，我们拟建议将网拍的重要规则从司法解释层面上升到法律层面"。但在公布的民事强制执行法草案（征求意见稿）中，相关的悔拍条文规定为："买受人未在拍卖公告要求的交纳期限内交纳价款的，人民法院可以重新拍卖。重新拍卖的，原买受人不得参加竞买。"可见，对于上述分歧，尚未直接上升到法律层面解决。

具体到本案中，合议庭的两种意见实际上对于案件处理的起点是一致的，即本案归某公司和龙某公司构成悔拍，且责任不仅仅限于两公司交纳的保证金范围内，应该执行价差原则。

四、价差的认定——实体公正和程序正义之争

如前文所述，本案处理意见的根本分歧在于如何认定价差。第一种意见认为，价差就是重新拍卖和原拍卖所产生的价差，再减去悔拍人已经交纳的拍卖保证金即可。第二种意见认为，应该充分考虑本案的特殊情况，即在重新拍卖中申请执行人张某超参与了竞拍并且以最高价竞得了两地块。虽然两次拍卖发生了一定的价差，但该差价款并未对张某超造成实际意义上的损失。如果再执行拍卖差价款，张某超同时作为申请人和重拍土地的受让人就构成重复得利，所以，对张某超提出补足价差的请求不予支持。

以上两种意见都各有依据和理由，究其根本，还是实体公正和程序正义、个案公平和实质正义的取舍问题。第一种意见更侧重于考虑程序正义，该观点认为归某公司和龙某公司作为竞拍人通过拍卖取得买受人资格，同时也就意味着其他人失去了买受资格。从本案的拍卖过程来看，两公司分别通过88次和138次出价才最终拍得标的物，说明当时参与竞买的其他人员对于标的物具有强烈的买受意愿，归某公司和龙某公司的行为不仅影响其他参与竞拍人权利的实现，更重要的是，也严重影响了申请执行人权利兑现的程度，妨碍了司法权威。第二种意见更侧重于考虑实体公正。一般情况而言，重新拍卖的成交价和原拍卖的拍定价存在一定的价差，对于申请执行人是不公正的，价差的存在也就意味着申请执行人在经济利益上承受该价差的减损，所以司法解释才会赋予申请执行人对于价差的请求权。该观点认为，本案属于比较特殊的情况，标的物的市场价值在一定时期内是较稳定的，张某超同时作为重新拍卖的买受人已经享受了以较低价格拍得标的物的利益，且同时作为申

请执行人已经通过法院裁定获得了190万元的悔拍人交纳的保证金，那么其作为申请执行人是否在实体权利上受到减损？该价差在本案中是否真实存在？该观点认为，上述答案是否定的，遂对张某超提出补足价差的请求不予支持。

笔者认为，实体公正和程序正义、个案公平和实质正义都是法治的追求和目标，从法治的宏观和长期性来看，两者是相辅相成的，但在司法实践中我们也会遇到一些具体案件的处理中两者的确存在一定冲突，本案就是一个比较典型的例子。法治国家的基础还是坚持程序正义第一的理念，实体公正应当以程序正义为前提，否则普遍的实体公正会由于得不到规则的保障而不能实现。由此可见，程序正义与实体公正冲突的解决关键在于社会整体利益，也就是为了有序社会的建立、法治国家的实现，从这一点来考虑，在某个特定案件中，牺牲或者是放大个人的实体公正而贯彻程序正义就是法治国家的必然选择。

具体到本案而言，笔者认为，在有冲突的情况下，执行法院首先需要保障的是程序正义的实现，即尽力维护司法拍卖的权威性以及强调违反公法义务悔拍行为的可追责性。即使从公平性出发，归某公司和龙某公司在实施悔拍行为时不可能预料到重新拍卖的最终买受人会是申请执行人张某超，但它们能预计到其悔拍行为会对申请执行人的权益兑现产生不利后果，也会对整个执行进程产生不利影响，这就具备了可追责性的主观基础。至于重新拍卖后，他人所实施的民事行为原则上对于两公司法律责任不产生影响，更不足以上升到免除其法律责任的程度。因此，对于本案最终裁决只需要考虑归某公司和龙某公司对其悔拍行为应该承担何种责任，而不能考虑后面其他偶发因素介入对于整个执行案件的影响，只有充分强调了这一点，才能在今后的司法拍卖中杜绝某些个体恶意参与竞买、随意悔拍行为的发生，坚决维护司法拍卖与强制执行的权威性。

至于申请执行人张某超是否存在双重得利并不影响对本次异议的处

理结果。换句话说，他即使存在双重得利，也是合法取得的利益，不能为法律自身所否定，且这种基于对法律的信任所产生的期待利益，法律应该支持并保障其实现权益。只有这样，才能在全社会形成尊法守法、共享法治成果的良性循环。本案异议裁决的结果充分诠释了以上观点。

当然，在现实的法律实践中，不排除有极端情况的出现导致网络司法拍卖中出现拍定价格和标的物自身价值严重背离而悔拍的情况。比如，2017 年 9 月江苏省南京市秦淮区人民法院在淘宝网司法拍卖一台苹果 7 手机的过程中，当事人基于猎奇心理盲目出价、竞价，最后经过 708 轮竞价导致成交价高达 270550 元，后买受人明确表示无法支付剩余价款，司法拍卖页面显示该手机的评估价格是人民币 140 元。那么，在这种情况下，严格适用价差原则要求悔拍人对巨额的价差予以补齐的做法，显然会导致严重背离公平正义的结果，所以，还是要具体问题具体分析，不能完全在司法实践中搞“一刀切”的做法。笔者认为，对于网络拍卖的悔拍法律责任最好的解决途径就是规定一个原则，外加一个例外。即在悔拍的法律责任确定原则上坚持补齐价差的做法，同时，允许有例外，即赋予执行法院对极端个案的裁判自由权。上述个例中，执行法院就没有必要严格按照补齐价差的原则去处理，而是参考其他因素，例如第一次拍卖时其他竞拍人的出价情况、标的物评估价格等情况综合考量，作出符合公平正义要求、符合人民群众认知的裁决结果。

《行政与执行法律文件解读》2024 年总目录

法律、法律性文件与解读

行政法规、法规性文件与解读

司法解释、司法指导性文件与解读

部门规章、规章性文件与解读

地方法规、地方规章与解读

指导案例、典型案例与解读

法答网精选答问

行政审判讲堂答疑

司法实务问题研究

新类型疑难案例选评

最新立法司法动态

最新法律文件解读丛书

稿　约

最新法律文件解读丛书是一套以为最新法律规范提供同步“解读”为主的系列丛书，分为刑事、民事、商事、行政与执行4个分册，按月出版。

本丛书以“解读”为重点，突出全、专、新、快、准等特点，通过对最新出台的法律、法规、司法解释、部门规章以及重要地方性法规进行同步动态解读，弥补了法律、法规、司法解释汇编类出版物没有同步阐释、解读内容的不足，为广大读者学习理解最新法律规范，正确贯彻执行法律文件，及时解决实践中的新情况、新问题，提供一个全方位、多层面的法律信息平台。

欢迎您向以下栏目赐稿：

【最新法律文件解读】主要是对最新颁行的法律文件进行解读，帮助司法和执法人员正确理解法律文件的立法背景、意义、重点内容、在适用中应注意的问题、与相关法律文件的衔接与互动关系等。

【司法实务问题研究】主要刊登对司法理论、实务及司法管理工作中的热点、疑难问题进行研究及评论的文章。

【新类型疑难案例选评】主要是对司法和行政执法实践中具有典型性和代表性的疑难案例，结合具体案情以及审理或处理结果进行简练精辟的点评，解析认识问题的方法、处理问题的法律依据和在个案中的具体适用。

【法学前沿与新视点】以摘要的形式刊登相关法学理论研究的最新动态及具有代表性和典型性的前沿问题，扩展法学研究的深度和广度。

【法律适用问题解答】主要针对司法和行政执法实践中面临的新问题、热点问题、疑难问题进行简要的解答，指出涉及的法律关系，明确法律适用依据。

稿件一经刊用即付稿酬，稿酬从优。

《刑事法律文件解读》　周　敏　邮箱：xingshijiedu@163.com

《民事法律文件解读》　杨　洁　邮箱：1216921515@qq.com

《商事法律文件解读》　路建华　邮箱：shangshijiedu@126.com

《行政与执行法律文件解读》　丁塞峨　邮箱：1290312696@qq.com

人民法院出版社

最新法律文件解读丛书编辑部